中小学校长财务工作指南

易慧霞 等 编著

中国财经出版传媒集团
中国财政经济出版社

图书在版编目（CIP）数据

中小学校长财务工作指南／易慧霞等编著．－－北京：中国财政经济出版社，2023.7

ISBN 978－7－5223－2264－3

Ⅰ．①中… Ⅱ．①易… Ⅲ．①中小学－校长－学校管理－财务管理－指南 Ⅳ．①G637.5－62

中国国家版本馆 CIP 数据核字（2023）第 097607 号

责任编辑：温彦君　　　　　责任印制：党　辉
封面设计：智点创意　　　　　责任校对：张　凡

中小学校长财务工作指南
ZHONGXIAOXUE XIAOZHANG CAIWU GONGZUO ZHINAN

中国财政经济出版社 出版

URL：http：//www.cfeph.cn

E－mail：cfeph@cfeph.cn

（版权所有　翻印必究）

社址：北京市海淀区阜成路甲 28 号　邮政编码：100142
营销中心电话：010－88191522
天猫网店：中国财政经济出版社旗舰店
网址：https：//zgczjjcbs.tmall.com
北京富生印刷厂印刷　各地新华书店经销
成品尺寸：170mm×240mm　16 开　12.5 印张　200 000 字
2023 年 7 月第 1 版　2023 年 7 月北京第 1 次印刷
定价：56.00 元
ISBN 978－7－5223－2264－3
（图书出现印装问题，本社负责调换，电话：010－88190548）
本社质量投诉电话：010－88190744
打击盗版举报热线：010－88191661　QQ：2242791300

前　言

教育是国之大计、党之大计。党的二十大报告明确指出要加快建设教育强国、科技强国、人才强国，进一步强调了高质量教育体系是培养高水平人才的体系，是适应国家和社会需求的体系，是治理体系和治理能力现代化的体系。一直以来，国家对基础教育高度重视，不断加大教育投入，促进基础教育均衡发展。然而，基础教育涉及的地域较广，学校类别较多，层次和数量较多，全国各地基础教育发展差异较大。由此，基础教育财务管理水平也大相径庭。

中小学校长是学校的法人主体，是财务管理第一责任人，加大中小学校长财务管理培训，提升校长财务素养，有助于夯实学校财务基础，推进财务管理队伍建设，助力基础教育高质量发展。

一、《中小学校长财务工作指南》的由来

2021年9月，受教育部财务司委托，由中国教育会计学会牵头，广东省教育厅配合成立了中小学校财务管理情况调研组，通过广泛的问卷调研和部分实地访谈调研方式，选取调研了北京、上海、河北、山西、黑龙江、江苏、浙江、湖北、广东、四川、贵州11个省市28个县区、16775所中小学校的财务管理情况。

调研分析发现，全国各地中小学校在财务管理体制机制、人员编配、经费投入、预算管理、资金管理、会计核算模式等方面均不同程度存在差距。同时，全国各地中小学校财务管理普遍存在诸多共性和痛点问题。比如：校领导财务管理意识淡薄、财务管理体制亟待健全、财会队伍力量薄弱、财务管理水平较低、监督机制不健全、风险管理待加强等。在调研访谈中，各地中小学校长也提出校

长财务方面的技能培训偏少、相关的财务培训不适应中小学校环境、缺乏完整的培训教材和丰富的中小学校财务培训案例等问题。

基于此，2022年下半年，中国教育会计学会（以下简称学会）牵头成立了基础教育专委会，组织编写《中小学校长财务工作指南》（以下简称指南）。指南是在学会基础教育专委会的指导和组织下，由北京师范大学及附属实验中学牵头，河北师范大学、广东第二师范学院、河北省辛集市教育局、四川师范大学共同参与编写。在指南编写过程中，经过多方广泛调研，多次召开专家座谈会，研讨中小学财务管理实际现状，校长的财务管理能力特征，提炼出校长财务管理的十大能力域。进一步提高校长财务管理的责任意识、财经政策水平、财务管理能力，切实解决广大中小学校长财务管理中的共性和痛点问题。

同时，充分借鉴和考虑中小学校财务管理实际，精心设计中小学校财务培训课程体系。各方进行了大量线上线下个案访谈、搜集了一线学校典型案例，并结合最新政策法规进行深入的案例剖析，形成与校长财务管理能力域相配套的案例汇编，使指南内容丰富、结构完整、实用性更强。与此相适应，课题组成员还多次征求业内知名专家及监管部门意见，数次修改、完善，直至完成。

二、《中小学校长财务工作指南》的主要内容

在对校长财务管理能力素质特征研究的基础上，课题组提炼出校长财务管理的十大能力域，围绕这十大能力提升，指南共分十章：

第一章 校长经济责任。本章主要介绍了中小学校长经济责任的基本要点，包括协助党组织履行把方向、管大局、作决策、抓班子、带队伍、保落实的领导职责，参与党组织讨论决定事关学校改革发展稳定及教育教学、行政管理中的"三重一大"事项和基本管理制度。本章重点强调了"党组织领导下"开展政策制度建设、内部机构设置、授权审批管理、重要岗位人员配备、财务信息公开、内部监督与反馈等工作的基本框架。

第二章 预算管理。本章主要介绍了中小学校预算的概念、预算编报流程和基本预算管理要求，重点强调了预算围绕学校事业发展战略和年度工作目标进行资源配置的职能，引导中小学校树立业财融合理念，强化规范预算编制机制和流程，提高预算的科学性、准确性、可行性，坚持预算刚性，"无预

算不支出",推动预算执行,及时规范预算调整,推进预算公开,强化预算绩效管理,完善预算绩效考核体系,提高预算项目绩效。

第三章 收入管理。本章主要介绍了中小学校收入来源构成和收入管理要求,重点强调了中小学校应当将各项收入全部纳入学校预算,严禁私设"小金库",加强收入管理,规范收入核算,落实收费公示,规范收费管理等内容。

第四章 支出管理。本章主要介绍了中小学校支出范围、支出管理的重点和要求,重点强调了中小学校应将各项支出全部纳入学校预算,建立健全支出管理制度,严格执行国家规定的各项开支范围和标准,严格执行国库集中支付制度和政府采购制度,规范会计核算业务处理,规范绩效奖励,规范资金管理,加强专项资金管理,专款专用,提高财政资金的使用效率等内容。

第五章 采购管理。本章主要介绍了中小学校采购管理的类型、主要采购方式以及采购管理中需要重点关注的问题和风险点,重点强调了重点风险防范的相关举措,包括做好采购管理制度建设和政府采购预算、合理选择采购方式、严格执行政府采购程序,谨防"化整为零"、规避公开招标,谨防串标行为、保障公平竞争等内容。

第六章 资产管理。本章主要介绍了中小学校资产的主要类型,中小学校资产配置、管理和处置的管理要求,以及需要关注的资产管理关键点和相关国家规定。本章重点强调的内容包括清收个人欠款、银行账户管理、存货日常管理、闲置资产利用、在建工程转固处理、固定资产折旧管理、超标超量配备资产、规范资产处置程序、规范出租收入上缴、增强无形资产意识、加强无形资产管理、规范捐赠资产管理等。

第七章 基建管理。本章主要介绍了中小学校基建的主要内容和管理要求,以及中小学校基本建设管理中存在的问题和风险,重点强调了基建管理中投资超概算等问题的解决措施,包括明确基建项目管理职责、科学编制项目建议书、设计高质量方案、严控项目投资概算、严把项目招标程序、加强施工合同跟踪管理、加强合同履约管理、及时退还质保金等内容。

第八章 合同管理。本章主要介绍了合同的基本知识,以及合同洽谈、草拟、签订、生效、失效等合同管理全流程中的各风险关注点,重点提出了相应解决措施,包括完善合同管理制度方案、细化合同约定、实施合同全流程监控、健全验收工作机制、规范合同档案管理等内容。

第九章 食堂管理。本章介绍了中小学校食堂财务管理"公益性、非营利性"的原则,对食堂进行单独建账、单独核算,伙食结余资金应当转入下一会计年度继续使用,重点剖析了当前中小学校食堂财务管理工作中存在的问题并提出规范措施,包括食堂资金"公款私存"、设置食堂管理及财务岗位违反内控制度、违反规定设置食堂账目、伙食费收费不规范、食堂原材料采购营私舞弊、利用伙食费给老师变相发福利、食堂聘用人员不规范、违反规定委托经营或承包食堂等。

第十章 民办学校。本章主要介绍了民办学校管理的法律依据以及民办学校财务管理关于办学成本核算、资产管理、捐赠财产使用管理、收入及资金账户等管理要求,重点分析了当前民办学校存在的诸多不规范问题,并提出了规范举措。

三、《中小学校长财务工作指南》聚焦点

考虑到校长对财务法律法规的了解程度和实际财务管理需求,指南主要聚焦日常财务管理过程中可能遇到的各种痛点难点问题,以问题为导向,以案例为载体,对案例原因进行深入浅出的剖析,提出规范措施,并指出案例行为违反的具体法律法规相应条款,使校长更为直观地掌握财务管理知识。因此,指南不仅是校长的财务工作指南,对中小学校财务人员也是较好的工作指引。

通过本指南,中小学校长和财务人员能够进一步了解国家政策,明确财务管理的高线和红线,学习财务管理基础知识,提高财务素养。同时,汲取财务管理经验,从而建立健全财务管理制度,加强预算、资产、收支等管理,提升中小学财务管理的科学性、规范性和有效性,提高资金使用效率。纵观指南内容,主要聚焦点如下:

(一)校长最关心、最想看什么?

1. 钱从哪里来?学校事业发展离不开资金支持,除了财政拨款外,还有哪些符合国家政策和合法的途径可以争取其他资金。

2. 钱如何用?资金使用要合规、安全,做好内控管理,确保资金的安全。如何在不违反政策原则的情况下,让资金使用更合规,能够满足各类审计要求?

3. 怎样用更少的钱做更多有价值的事情。考虑资金的绩效,合理筹划资

金的使用，获取最大收益。

（二）财务人员希望校长看到什么？

校长重视是财务工作提升的重要保障。校长有必要了解和认识基础教育有哪些财经政策，哪些财经纪律必须遵守，哪些财务红线不能随意跨越，校长要对哪些重要事项承担责任。

（三）校长与财务人员如何进行沟通？

校长了解和把握哪些财务事项需要及时沟通，哪些重点财务事项需要进一步明确，做到心中有财务、有风险。

（四）校长应掌握哪些制度规范？

指南收集了中小学校各类财务管理案例70多个，通过案例解析，用通俗易懂的语言，清晰介绍了相关教育财务法律法规内容，并对这些法律法规的实务应用进行了阐述。

四、《中小学校长财务工作指南》编写分工与致谢

在指南编写过程中，参与课题研究与编写的团队人员团结一致，通力协作，克服诸多困难，为指南的完成付出了不少心血。根据分工安排，北京师范大学易慧霞、郑义负责编写第一章、第二章；北京师范大学附属实验中学唐瑜负责编写第三章、第四章；河北师范大学曹志文负责编写第五章、第六章；广东第二师范学校梁钰负责编写第七章、第八章；河北省辛集市教育局石志俭负责编写第九章、第十章。北京师范大学王文周、何丰耘、张艺源参与全书的配图设计。四川师范大学梁勇等对书稿进行了整体梳理和完善。

中国教育会计学会武德昆会长、高等师范教育分会杜育红会长多次关心并对指南编写给予指导，高等师范教育分会、教育部督导局、教育部经费监管中心、教育部财务司地方处、教育部基础教育质量监测中心对编写工作给予支持和帮助，在此一并致谢。感谢中国财政经济出版社樊清玉老师等为本书出版的辛勤付出。

作者

2023年5月

目 录

第一章 校长经济责任 ……………………………………………… 1
第一节 基本常识及常见问题简述 …………………………………… 1
一、中小学校长经济责任 ……………………………………… 1
二、中小学校长经济责任常见问题 …………………………… 3
第二节 相关案例 ……………………………………………………… 4
案例1-1：重视财务管理，保障学校事业发展 ……………… 4
案例1-2：健全"三重一大"决策机制，强化制度执行 ……… 7
案例1-3：强化内部审批授权，严格归口管理 ……………… 9
案例1-4：加强财务人员配备，严控岗位职责风险 ………… 11
案例1-5：加强沟通协作，完善信息反馈机制 ……………… 14
案例1-6：建立信息公开机制，加大公众监督力度 ………… 16
案例1-7：加大审计整改力度，建立追责问责机制 ………… 18

第二章 预算管理 ……………………………………………………… 20
第一节 基本常识及常见问题简述 …………………………………… 20
一、中小学校预算概念 ………………………………………… 20
二、中小学校预算编报流程 …………………………………… 20
三、中小学校预算管理基本要求 ……………………………… 21
四、中小学校预算管理常见问题 ……………………………… 21
第二节 相关案例 ……………………………………………………… 22
案例2-1：建好预算编报机制，提高预算编制质量 ………… 22
案例2-2：杜绝编报虚假预算，确保预算真实可行 ………… 24
案例2-3：规范预算调剂程序，严格预算刚性支出 ………… 26

案例2-4：加强预算执行监控，防止"突击花钱" ……………… 27
案例2-5：推进预算公开，强化师生和社会监督 ………………… 28
案例2-6：强化预算绩效管理，完善预算绩效考核体系………… 29
案例2-7：不相容岗位职责分离，强化权力制衡 ………………… 31

第三章 收入管理 ……………………………………………………… 32
第一节 基本常识及常见问题简述 ……………………………… 32
一、中小学校收入来源 …………………………………………… 32
二、中小学校收入管理要求 ……………………………………… 33
第二节 相关案例 ………………………………………………… 34
案例3-1：严格资金账户管理，防止"账外账"和"小金库"
……………………………………………………………… 34
案例3-2：加强收费归口管理，做到应收尽收 ………………… 36
案例3-3：坚持收支两条线，及时足额上缴非税收入 ………… 39
案例3-4：规范教育收费管理，杜绝教育乱收费现象………… 41
案例3-5：落实教育收费公示制度，主动接受社会监督 ……… 44

第四章 支出管理 ……………………………………………………… 46
第一节 基本常识及常见问题简述 ……………………………… 46
一、中小学校支出范围 …………………………………………… 46
二、中小学校支出管理重点 ……………………………………… 47
三、中小学校支出管理要求 ……………………………………… 47
第二节 相关案例 ………………………………………………… 48
案例4-1：健全支出管理办法，强化制度执行 ………………… 48
案例4-2：加强支出核算管理，规范会计业务处理……………… 50
案例4-3：严格实行专款专用，提高资金使用效益 …………… 52
案例4-4：规范绩效奖励管理，防止滥发津贴补贴 …………… 55
案例4-5：规范支出范围管理，严控经费支出标准……………… 57
案例4-6：谨防虚列支出现象，严禁私设"小金库" …………… 59
案例4-7：强化往来资金管理，提升资金资产效益……………… 62
案例4-8：严格规范现金管理，落实国库支付制度 …………… 65

第五章 采购管理 … 68
第一节 基本常识及常见问题简述 … 68
一、中小学校政府采购基本知识 … 68
二、中小学校政府采购的管理重点 … 69
三、中小学校政府采购常见问题 … 69
第二节 相关案例 … 70
案例5-1：做好年度采购计划，加强采购预算管理 … 70
案例5-2：准确掌握政采规定，严格执行采购程序 … 72
案例5-3：警惕"化整为零"行为，严防规避公开招标 … 73
案例5-4：正确选择采购方式，规范单一来源采购 … 74
案例5-5：合理确定采购需求，保障采购公平竞争 … 75
案例5-6：谨防串标漏标行为，坚决维护招标秩序 … 76
案例5-7：建立健全自采规则，防范自行采购风险 … 77

第六章 资产管理 … 79
第一节 基本常识及常见问题简述 … 79
一、中小学校资产管理基本知识 … 79
二、中小学校资产管理要求 … 80
三、中小学校资产管理常见问题 … 81
第二节 相关案例 … 82
案例6-1：加强资金管理，及时清理个人欠款 … 82
案例6-2：强化资金安全，加强银行账户管理 … 83
案例6-3：重视存货台账登记，加强存货日常管理 … 84
案例6-4：盘活学校闲置资产，提高资产使用效率 … 84
案例6-5：规范办公设备管理，严控超标超量配备 … 86
案例6-6：加强竣工财务决算，做好在建工程转固处理 … 87
案例6-7：做好资产折旧计提，客观反映资产价值 … 87
案例6-8：严格资产处置程序，规范处置收益管理 … 88
案例6-9：加强资产出租管理，规范出租收入上缴 … 89
案例6-10：增强无形资产意识，加强无形资产管理 … 90
案例6-11：规范捐赠资产管理，做好资产账务处理 … 91

第七章 基建管理 … 93
第一节 基本常识及常见问题简述 … 93
一、中小学校基本建设管理基本知识 … 93
二、中小学校基本建设财务管理要求 … 94
三、中小学校基本建设管理存在的问题 … 94

第二节 相关案例 … 95
案例 7-1：充分论证项目可行性，科学编制项目建议书 … 95
案例 7-2：高度重视前期设计，筑实建设项目基础 … 96
案例 7-3：加强洽商变更管理，严控项目投资概算 … 97
案例 7-4：严格项目招标程序，防范工程腐败风险 … 100
案例 7-5：强化合同约定权责，加强施工合同跟踪管理 … 101
案例 7-6：加强合同履约管理，及时退还质保金 … 103

第八章 合同管理 … 105
第一节 基本常识及常见问题简述 … 105
一、中小学校合同基本知识 … 105
二、中小学校合同管理要求 … 105
三、中小学校合同管理存在的问题 … 106

第二节 相关案例 … 106
案例 8-1：完善合同管理制度，明确合同约定职责 … 106
案例 8-2：细化合同约定内容，提高合同信息质量 … 108
案例 8-3：实施合同全流程监控，降低合同经济损失 … 110
案例 8-4：重视合同验收环节，健全验收工作机制 … 111
案例 8-5：规范合同档案管理，确保合同资料完整 … 113

第九章 食堂管理 … 115
第一节 基本常识及常见问题简述 … 115
一、中小学校食堂财务管理要求 … 115
二、中小学校食堂财务管理存在的问题 … 116

第二节 相关案例 … 116
案例 9-1：规范食堂资金管理，严禁"公款私存" … 116

案例 9-2：" 管办 " 业务要分设，关键岗位职责必分离 ………… 117
案例 9-3：严格食堂账务管理，清晰反映食堂账目 …………… 118
案例 9-4：规范食堂收费管理，维护学生切身利益 …………… 119
案例 9-5：规范食堂采购行为，加强食堂原材料管理 ………… 120
案例 9-6：规范师生伙食费标准，加强食堂收费管理 ………… 121
案例 9-7：规范食堂结余资金管理，严禁违规发放奖励 ……… 122
案例 9-8：规范食堂用工管理，保障聘用人员合法权益 ……… 123
案例 9-9：加强食堂经营管理，维护食堂公益原则 …………… 124

第十章 民办学校 …………………………………………………… 125

第一节 基本常识及常见问题简述 ………………………………… 125

一、民办学校管理的法律依据 …………………………………… 125

二、民办学校财务管理要求 ……………………………………… 125

第二节 相关案例 …………………………………………………… 127

案例 10-1：规范学费收缴，防止公款截留 …………………… 127
案例 10-2：严格收费项目审批，严禁超范围收费 …………… 128
案例 10-3：加强项目管理，规范财务核算 …………………… 129
案例 10-4：及时发放教师工资，保障教师切身利益 ………… 129
案例 10-5：依规缴纳职工社保，维护职工正当权益 ………… 131
案例 10-6：规范关联交易行为，谨防学校利益受损 ………… 131

附录 1 《中小学校长财务工作指南》相关适用法规 …………… 134
附录 2 《中小学校长财务工作指南》高频适用法规 …………… 137

第一章
校长经济责任

第一节 基本常识及常见问题简述

中小学校,包括普通中小学校、中等职业学校、特殊教育学校、专门学校、成人中学和成人初等学校及各类学前机构。按照现行法律法规,主要分为两类:一类是各级人民政府举办的中小学校,另一类为其他社会力量举办的中小学校。

一、中小学校长经济责任

一般来说,中小学校长是中小学校的法定代表人。中小学校长经济责任,是指中小学校长作为单位负责人,在任职期间因其所任职务,依法对所在学校的财政收支、财务收支以及有关经济活动应当履行的职责、义务。

(一) 相关制度规定

《中小学校长经济责任审计实施办法》中明确规定,对中小学校长进行经济责任审计内容应包括:学校经济活动管理职责、办学经费的筹集情况、学校各类资产状况;校办企业资产、负债、所有者权益及盈亏状况;债权债务情况;财经管理规章制度和内部控制制度建设情况;经济决策情况及个人遵守财经法规和财务制度情况。

《中小学校财务制度》对校长的财务职责作了明确规定。主要包括:各级政府举办的中小学校财务管理实行党组织领导的校长负责制;在财务管理中,应当集体研究决定学校重大财经事项、重要财经制度。校长在党组织领导下,依法依规管理财务工作，对财务资料的真实性、完整性负责。合理编制学校预算，严格预算执行，完整、准确编制学校决算报告和财务报告，真实反映学校预算执行情况、财务状况和运行情况；依法筹集教育经费，努力节约支出；建立健全财务制度，加强经济核算，全面实施绩效管理，提高资金使用效益；加强资产管理，合理配置和有效利用资产，防止资产流失；加强对学校经济活动的财务控制和监督，防范财务风险。

（二）中小学校长经济责任的内容

综合上述相关制度规定，结合中小学校长职责实际，中小学校长经济责任包括：

1. 坚持为党育人、为国育才原则，贯彻落实党的教育方针和党中央决策部署，协助学校党组织履行把方向、管大局、做决策、抓班子、带队伍、保落实的领导职责，推动基础教育事业发展。

2. 参与党组织讨论决定事关学校改革发展稳定及教育教学、行政管理中的"三重一大"事项和基本管理制度。根据学校特点，负责科学设置财务和业务机构，优化财务岗位职责，制定和完善并执行包含财务制度在内的各项管理制度和管理流程。

3. 参与党组织"三重一大"决策，负责研究拟订并执行学校重大建设项目、资产处置、重要办学资源配置方案、年度预算和年度支出，加强财务管理和审计监督。

4. 合理编制预算，依法筹集教育经费，努力节约支出。根据学校特点，制定与事业发展目标和规划相匹配的财务预算和财务计划，积极合法筹措资源、科学合理配置资源，加强经济核算，全面实施绩效管理，提高资金使用效益。

5. 加强公共资金和国有资产资源管理，防控重大经济风险。结合学校实际，针对预算管理、合同管理、产业管理、采购管理、食堂管理等重要经济风险进行管控。

6. 高度重视内部监督和评估，积极认真面对各级各部门巡视、监察、审计、检查中发现的问题，及时组织整改，注重结果运用，不断提高财务管理水平。

（三）涉及的重要文件

除《中小学校长经济责任审计实施办法》和《中小学校财务制度》外，与中小学校长经济责任相关的重要文件还有《中华人民共和国会计法》《会计基础工作规范》《行政事业单位内部控制规范（试行）》等。

二、中小学校长经济责任常见问题

中小学校长普遍存在重视教育管理但忽视财务管理的问题，具体涉及重要政策制度建设、内部机构设置、授权审批管理、重要岗位人员配备、财务信息公开、内部监督与反馈等方面。

本节相关内容概括如图1-1和图1-2所示。

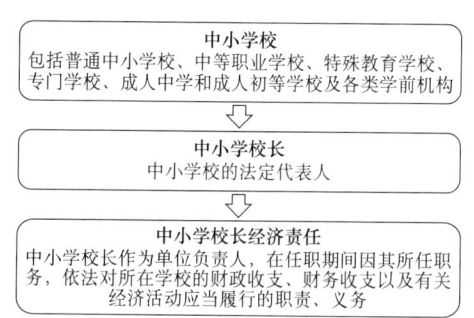

图1-1 中小学校及校长经济责任

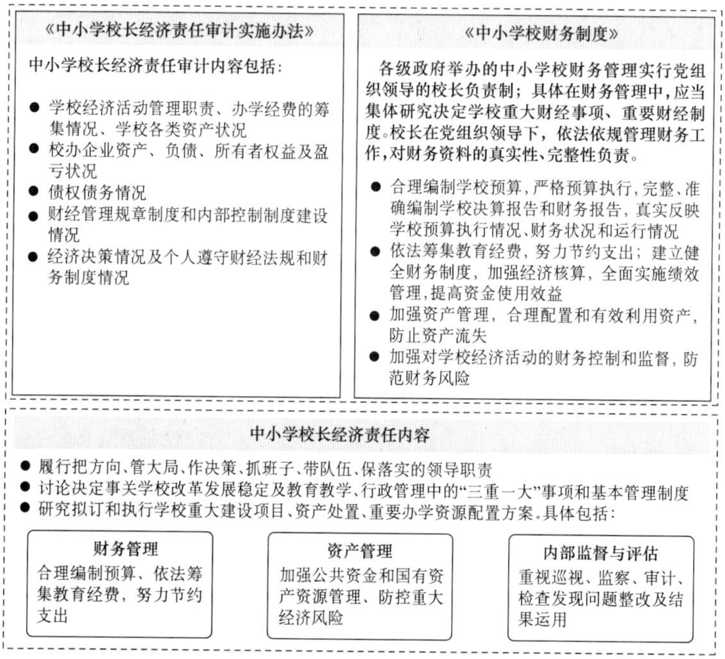

图1-2 中小学校长经济责任涉及的内容及相关制度规定

第二节 相关案例

案例 1-1：重视财务管理，保障学校事业发展

（一）案例描述

某学校规模较大，一校多址，各校区教学工作及人员相互独立。学校财务采用"校财局管"的方式，未实施分校区预算管理及会计核算。学校会计核算由会计核算中心代理。学校财务机构仅设"报账员"一人，其职责仅限于报销。校长认为学校收入来源以财政拨款为主，且核算由会计核算中心负责，只要财务报销不违规，不影响学校正常运转，财务管理不应是校长关注的重点。

由于该校校长不重视财务管理，学校财务管理水平低下，没有建立完善的预决算管理、收支管理等财务管理制度。各校区之间由于支出事项不一致，费用差别比较大。发生费用报销时，校长只关心账户还有没有钱，有钱就签字；会计核算中心也是见到校长签字就报销，不了解学校支出的具体内容。由于资金使用缺乏计划，学校常常发生资金消耗过大、入不敷出的情况。因资金不足，学校运行处于勉强维持状态，某些创新特色教学活动难以开展。

在接受外部审计时，该学校被发现存在较多的超范围超标准报销费用、违规发放职工薪酬及专项资金分配不科学、使用不规范等问题。在校长经济责任审计中，审计结论认为，该校财务管理混乱，校长负有直接责任。该校长因此被上级教育管理部门予以撤职处分，并调离该校。

（二）案例分析

本案例反映出该校校长财务观念淡薄、财务管理随意等问题，是典型的重教育教学、轻财务管理思想导致的结果。校长思想认识的缺位，自身未承担起学校财务管理第一负责人的职责，导致学校财务管理逐渐边缘化，使学校运行和发展因缺乏强有力的财务管理的支撑而逐渐偏航。同时，校长还应对以下问题承担直接责任。

1. 财务管理与事业规划相脱节。未针对独立校区特点建立分校区成本费用的资金安排，对资金缺乏统筹规划。只考虑校区费用支出，不进行成本分摊，对资金使用效益缺乏及时评价。

2. 从审计结果上看，学校内控机制不健全，各项报销标准、薪酬发放、专项资金管理的内部管理制度不完善，导致超标准、超范围报销，违规发放职工薪酬及专项资金分配不科学、使用不规范等现象。学校只设报账员，校长签字即报，岗位设置及职责分工不合理，影响了业务办理的规范性，为学校财务管理屡屡出现违法违规行为提供了温床，也影响了学校事业的发展。

（三）规范措施

校长是教育管理者，既要懂教育规律，也要懂管理，财务管理是学校管理的重要工具，是决定其他管理环节效率和效益的润滑剂。因此，校长要重视财务知识的学习，善于理解和运用相关的财务管理制度，并做好以下方面的财务管理工作：

第一，事财结合。做好事业和财务总体规划，明确财务资源保障目标，把握改革机遇，确定事业发展和资源配置的重点方向，确定"严控低效消耗性支出、确保重要投入"基本原则。

第二，要重视财务管理工作，合理配备财务人员、合理进行内部控制制度建设。

第三，重视制度执行。充分发挥学校财务管理的服务（服务保障学校正常运转）、监管（监管保证学校规范运行）、资源配置（保障事业协调发展）功能，切实加强财务管控，守住合规防线，增强资金使用效益。

第四，开展资金使用绩效考核和评价工作，提高资金使用效益，优化资源配置。

第五，强化巡视、监察、审计、检查、督查等各类外部监管结果运用，务实整改，将现实问题转化为发展动力，促进教育事业发展。

本案例原因分析与对应措施如图 1-3 所示。

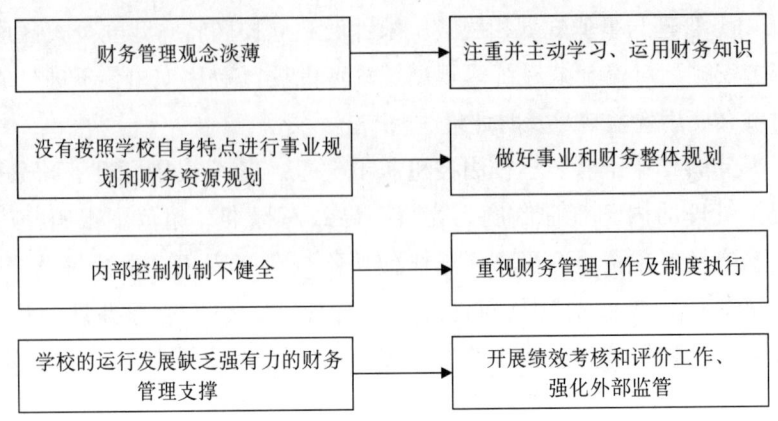

图1-3 原因分析与对应措施

（四）相关拓展

1.《中华人民共和国会计法》（2017年修正）

第四条 单位负责人对本单位的会计工作和会计资料的真实性、完整性负责。

2.《中小学校财务制度》（财教〔2022〕159号）

第三条 中小学校财务管理的基本原则是：贯彻执行国家有关法律、法规和财务规章制度；坚持勤俭办学的方针；正确处理事业发展需要和资金供给的关系，社会效益和经济效益的关系，国家、学校和个人三者利益的关系。

第五条 中小学校的各项经济业务事项按照国家统一的会计制度进行会计核算。

第六条 中小学校财务管理实行党组织领导的校长负责制。学校党组织应当集体研究决定学校重大财经事项、重要财经制度。校长在党组织领导下，依法依规管理财务工作，对财务资料的真实性、完整性负责。

第九条 中小学校应当以校为单位进行会计核算。实行"集中记账，分校核算"的，不改变学校财务管理权。

3.《行政事业单位内部控制规范（试行）》（财会〔2012〕21号）

第四条 单位内部控制的目标主要包括：合理保证单位经济活动合法合规、资产安全和使用有效、财务信息真实完整，有效防范舞弊和预防腐败，提高公共服务的效率和效果。

4.《中小学校长经济责任审计实施办法》（教审〔1997〕2号）

第六条 中小学校长经济责任审计的主要内容是：

是否依法履行对学校经济活动进行管理的职责，任期经济责任目标完成情况怎样；办学经费的筹集情况如何，是否逐年增加，各项收入和支出是否纳入预算管理，是否真实、合法，各项支出的效益如何，有无重大违纪违规和损失浪费问题；学校种类资产的状况如何，是否安全完整、保值增值，使用效益如何；校办企业的资产、负债、所有者权益及盈亏状况如何；债权债务是否清楚，有无纠纷和遗留问题；财经管理规章制度和内部控制制度是否健全、有效；经济决策是否按规定的程序进行，效益如何，有无重大失误；本人是否遵守财经法规和财务制度，有无违纪违规问题；授权审计的部门和审计机构认为需要审计的其他事项。

案例1-2：健全"三重一大"决策机制，强化制度执行

（一）案例描述

某学校制定了《校务会议"三重一大"管理办法》，提出"单位重大决策事项包括重大合作项目、大宗物资采购和服务购买、重要资产处置、重大基本建设、大额基建修缮等重大项目安排事项……大额资金调动使用、重大捐赠以及其他大额资金运作等重要财经事项，需要经过集体讨论通过实施"。结果在实施过程中发现，"三重一大"管理办法未明确"三重一大"的具体范围和内容以及金额标准，也未明确议题的发起、决策和执行监督流程，操作性不强。而且每次校务会对教学管理等相关事项进行讨论和决策后，对涉及的"三重一大"的财务事项都未讨论且未记录，未记入校务会纪要。导致"三重一大"管理办法成为一纸空文。

比如学校多功能厅翻建事项。一是处置原有使用期未满价值90多万元多功能厅成套音响设施时未经过集体讨论，处置依据不足，导致资产流失。二是翻建多功能厅时购置价值120万元的新多媒体设施时，未经集体决策即实施。三是随意听从施工方临时扩大舞台面积、缩小座位数量等建议，擅自变更原有翻建方案，造成多功能厅翻建后无法满足多个年级活动需求。多功能厅相关事项在实施中缺乏跟踪、监控和效益评价，与项目预期目标相去甚远。

这些事项未按照"三重一大"管理办法集体决策，对学校影响较大。不少老师在背后纷纷议论，上级部门也收到了有关举报信。

经上级专项核查，认为校长应负责拟定并严格执行"三重一大"管理办

法的制度，学校党组织应保证"三重一大"基本制度建设完善。因此，校长对上述问题负有直接责任。

（二）案例分析

本案例反映出该校在执行"三重一大"集体决策制度中存在如下问题：

一是对制度内涵理解不深入。该学校将"三重一大"制度简单理解为一种单纯的集体决策行为，未认识到"三重一大"制度更深层次的意义在于规范权力运行，加强党风廉政建设，从源头上预防和治理腐败，是反腐倡廉的重要举措，制度需体现决策的民主性、公开性、科学性。

二是对事项界定不清晰，制度内容操作性不强。该校仅区分了"三重一大"事项范畴，对其具体内容也只做了原则性、概括性、粗线条界定，对需要集体决策的内容、范围、权限、项目安排、资金性质和数量、重要岗位确定以及监督检查的界定不够明确和清楚，导致落实"三重一大"制度的成效也大打"折扣"。

三是议题仅限决策环节，事项的透明度不够。部分上会研究的"三重一大"议题仅局限于决策环节，决策如何执行、是否执行、执行效果等情况很少进行反馈和通报，无法形成管理闭环。

上述"三重一大"制度中存在的问题严重影响了学校重大事项决策的科学性、规范性，决策风险较高，势必影响学校事业发展。

（三）规范措施

一是加强内部控制制度宣传。通过组织学习、座谈交流、开展示范教育和警示教育等形式，增强领导干部对于贯彻落实相关法律法规，加强学校制度建设、规范制度运行的重要性、必要性认识，提高制度建设自觉性、主动性及制度遵从性。

二是完善制度内容。结合学校实际及发展要求，补充完善现行"三重一大"等制度的疏漏及不足，细化制度具体程序和操作流程。就该学校"三重一大"制度而言，对集体讨论的方式、步骤、议程、时限等要细化、量化，既要保证决策权力受到制约，又要保护和调动决策者的工作积极性，兼顾民主和效率。

三是强化制度执行，压实主体责任。在"三重一大"等事项实施过程中，执行者应严格按照决策方案执行，同时应及时反馈执行情况。学校监督部门也应充分发挥监督作用，开展综合分析及评价，及时纠偏，保证决策科学、执行顺畅、合法合规、目标达成。

本案例原因分析及对应措施如图1-4所示。

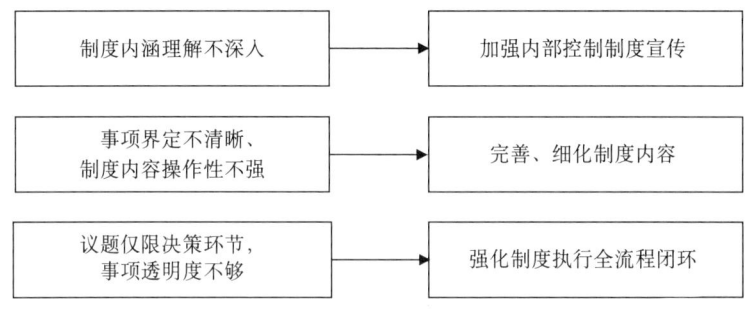

图1-4 原因分析及对应措施

（四）相关拓展

《行政事业单位内部控制规范（试行）》（财会〔2012〕21号）

第五条　单位建立与实施内部控制，应当遵循下列原则：……（四）适应性原则。内部控制应当符合国家有关规定和单位的实际情况，并随着外部环境的变化、单位经济活动的调整和管理要求的提高，不断修订和完善。

第六条　单位负责人对本单位内部控制的建立健全和有效实施负责。

第十四条　单位经济活动的决策、执行和监督应当相互分离。单位应当建立健全集体研究、专家论证和技术咨询相结合的议事决策机制。重大经济事项的内部决策，应当由单位领导班子集体研究决定。重大经济事项的认定标准应当根据有关规定和本单位实际情况确定，一经确定，不得随意变更。

案例1-3：强化内部审批授权，严格归口管理

（一）案例描述

在对某县中学财务检查中发现，某校试卷印刷费支出较大。经查，该学校年级组长、办公室主任、班主任、校长均可直接签字报销试卷印刷费；该学校试卷印刷商长期服务学校，借业务往来之便，用同批试卷的合同向多人收款；学校财务部门未严格核实即予以报销。在检查中，还发现该学校部分支出不符合中央"八项规定"精神。

在与学校校长谈话中,校长提出,由于自己不懂财务,学校通过会议集体决议,由其副校长分管财务工作,授权其对所有经济事项签字负责。

(二)案例分析

本案例中,试卷印制作为学校经常性、例行性、业务量大、涉及金额高的经济业务,长期处于多头管理状态,学校内部职责不清,破坏了信息传递的完整性和命令的统一性,降低了学校内部管理效率,造成了资源浪费,也使不法经营者有机可乘。本案例集中反映出该学校在经济事务授权管理过程中存在以下问题:

一是校长未充分理解和落实中小学校财务管理校长负责制,未认识到授权活动在性质上是管理行为,授权不等于免责,出现任何责任后果,校长都负有不可推卸的责任,应是责任的主要承担者。

二是未明确财务工作授权管理的具体范围、事项、责任,权责不清容易使实施失当。

三是学校未建立健全归口业务归口管理机制,对授权管理业务应建立监督、检查与报告机制,对发现学校违反相关法律法规的行为要及时上报并予以制止。

四是学校应对重大经济活动采取合同签订管理,财务人员对业务支出的合同要严格审核,不应认"字"不认"事"。

虽然校长授权副校长负责财务工作,但其必须对以上问题承担直接责任。

(三)规范措施

一是根据学校实际情况,采取成立联合工作小组并确定牵头部门或牵头人员等方式,对试卷印刷等重要业务实行归口统一管理。如可由各学部或各年级定期提交试卷印制需求,归口教学办公室收集汇总需求、集中委托印制,提高管理效率。

二是加强内部授权审批控制,坚持授权合理、以能授权、授权留责、权责明晰、适当控制原则,明确各岗位办理业务和事项的权限范围、审批程序和相关责任,建立重大事项集体决策和会签制度。学校相关工作人员应当在授权范围内行使职权、办理业务,严格防范经济风险。

中小学校经济事务授权管理如图 1-5 所示。

归口管理	分级授权
• **经济业务类型**：经常性、例行性、业务量大的经济业务 • **管理模式**：由一个部门或一个负责人归口管理	• **金额**：对资金额度小的业务进行适当授权，资金额度较大的业务应提高决策级次，重大资金额度的业务应经集体决策 • **重要性**：非常规、重大金额的业务应提高决策级次，特别重要的业务应经集体决策

图 1-5　中小学校经济事务授权管理

（四）相关拓展

1.《行政事业单位内部控制规范（试行）》（财会〔2012〕21号）

第五条　单位建立与实施内部控制，应当遵循制衡性原则。内部控制应当在单位内部的部门管理、职责分工、业务流程等方面形成相互制约和相互监督。

第十二条　单位内部控制的控制方法一般包括：……

（二）内部授权审批控制。明确各岗位办理业务和事项的权限范围、审批程序和相关责任，建立重大事项集体决策和会签制度。相关工作人员应当在授权范围内行使职权、办理业务。

（三）归口管理。根据本单位实际情况，按照权责对等的原则，采取成立联合工作小组并确定牵头部门或牵头人员等方式，对有关经济活动实行统一管理。

2.《会计基础工作规范》（2019年修订）（中华人民共和国财政部令第98号）

第九十四条　各单位应当建立财务收支审批制度。主要内容包括：财务收支审批人员和审批权限；财务收支审批程序；财务收支审批人员的责任。

案例1-4：加强财务人员配备，严控岗位职责风险

（一）案例描述

某学校财务工作为"校财局管"模式，财务部门仅设报账员一名。校长认为报账员工作量不饱和且报账工作专业性不强，为报账员安排了其他工作。未要求报账员参加继续教育，日常工作中对其也疏于监管。

在该校校长经济责任审计中，查实报账员利用职务便利，挪用公款用于

赌博。审计组也接到举报，此报账员是校长亲属。校长解释称该亲属在其上任之前即担任会计，且非直系亲属。经核查，该校长所述情况属实。

由于该亲属虽非直系血亲关系但仍属于三代以内旁系血亲，且该校未配备其他财务人员，审计报告最终判定，该校校长对报账员挪用公款行为负管理责任、任用亲属为财务人员属于违规行为。

（二）案例分析

本案例主要反映出学校财务人员配备和职责问题：

一是该校校长到任后未重视关键岗位人员管理，未及时调整旁系血亲工作岗位及工作内容，违反了事业单位任用会计人员应当实行回避的制度。

二是该校校长对财会人员胜任能力和管理要求认识不到位，未建立并实施财务人员的培训、评价、轮岗、监督等机制，未对财务人员专业资格、胜任能力、职业道德等方面进行有效的管理和监督。

（三）规范措施

应将学校关键领域、关键环节、承担较高风险责任的岗位如财务、工程、资产、采购管理等设为关键岗位，进行重点管理和监督，如图1-6所示。

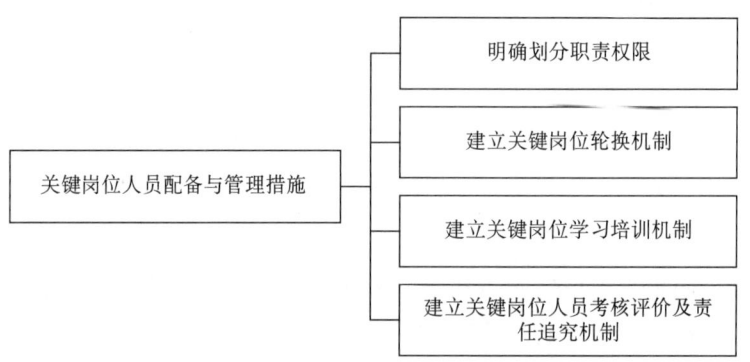

图1-6 关键岗位人员配备与管理措施

1. 明确划分职责权限，实施相应的分离措施，形成相互制约、相互监督的工作机制。

2. 建立关键岗位轮换机制，明确轮岗周期及流程。不具备轮岗条件的单位应当采取专项审计、专项汇报检查等控制措施。

3. 建立关键岗位学习培训机制，明确学习教育的内容、方式、频率等。

4. 建立关键岗位人员考核评价及责任追究机制，学校人事部门应会同业务部门对关键岗位履职情况、廉洁自律情况等进行定期分析、考核与评价。对于排查发现问题的,应视情节轻重采取批评教育、诫勉谈话、通报批评、组织处理、纪律处分、移送司法机关等方式实施责任追究。

(四) 相关拓展

1.《中华人民共和国会计法》(2017年修正)

第三十六条 各单位应当根据会计业务的需要,设置会计机构,或者在有关机构中设置会计人员并指定会计主管人员;不具备设置条件的,应当委托经批准设立从事会计代理记账务的中介机构代理记账。

第四十条 因有提供虚假财务会计报告,做假账,隐匿或者故意销毁会计凭证、会计账簿、财务会计报告,贪污,挪用公款,职务侵占等与会计职务有关的违法行为被依法追究刑事责任的人员,不得再从事会计工作。

2.《会计基础工作规范》(2019年修订)(中华人民共和国财政部令第98号)

第十一条 各单位应当根据会计业务需要设置会计工作岗位。

第十二条 会计工作岗位,可以一人一岗、一人多岗或者一岗多人。但出纳人员不得兼管稽核、会计档案保管和收入、费用、债权债务账目的登记工作。

第十三条 会计人员的工作岗位应当有计划地进行轮换。

第十四条 会计人员应当具备必要的专业知识和专业技能,熟悉国家有关法律、法规、规章和国家统一会计制度,遵守职业道德。

会计人员应当按照国家有关规定参加会计业务的培训。各单位应当合理安排会计人员的培训,保证会计人员每年有一定时间用于学习和参加培训。

第十六条 国家机关、国有企业、事业单位任用会计人员应当实行回避制度。

单位领导人的直系亲属不得担任本单位的会计机构负责人、会计主管人员。会计机构负责人、会计主管人员的直系亲属不得在本单位会计机构中担任出纳工作。

需要回避的直系亲属为:夫妻关系、直系血亲关系、三代以内旁系血亲以及配偶亲关系。

3.《行政事业单位内部控制规范(试行)》(财会〔2012〕21号)

第十五条 单位应当建立健全内部控制关键岗位责任制,明确岗位职责及分工,确保不相容岗位相互分离、相互制约和相互监督。

单位应当实行内部控制关键岗位工作人员的轮岗制度,明确轮岗周期。不具备轮岗条件的单位应当采取专项审计等控制措施。

案例1-5：加强沟通协作，完善信息反馈机制

（一）案例描述

为改善学校多媒体教学环境，教学部门向采购部门提供了使用需求，但未对多媒体使用场景、设备设施功能及型号、设备部件及系统兼容性等信息进行详细表述。采购部门向学校申请了采购计划，学校也向上级部门申报了多媒体升级改造项目并获得了预算批复。学校通过履行采购程序，确定由A供应商提供产品。在采购过程中，采购部门与A供应商没有对采购项目进行多次沟通。由于供需双方沟通不到位，A供应商提供的相关产品无法兼容学校的多媒体课件，该项目就此停滞，未进一步协商供货事宜。当年年末，学校收到上级财务部门关于加快本项目预算执行的通知，校长就此事向相关部门进行询问，采购、教学等相关部门才汇报此情况。

此时已至年末，时间紧迫无法重新进行设备选型，该校因预算执行未达预期，未实现既定产出及效果被上级部门压减了次年预算。

（二）案例分析

本案例中，由于采购管理和预算管理环节涉及多个管理主体，在采购环节相互之间存在沟通不畅问题，同时也未及时将相关情况汇报学校领导。具体表现如下：

1. 采购需求调研环节。采购执行部门同教学部门未全面、准确地交换多媒体使用场景、设备设施功能及型号、设备部件及系统兼容性等信息，对采购项目要求不清楚。

2. 采购及预算执行环节。采购执行部门、使用部门同供应商未充分进行技术交底，导致采购商品无法满足使用需求，使采购事项处于停滞状态。采购部门、使用部门未及时汇报给校长，校长询问情况时，相关部门才核实情况予以汇报，说明采购执行部门未及时向校长汇报重大项目执行问题，并商量重新实施采购程序事宜。同时也未与财务部门沟通，及时调减预算。学校财务部门也未向校长定期报送项目预算执行分析情况供其审阅。

3. 学校校长未对项目需求及实施的可行性进行严格把关，审批时对采购与预算执行计划未引起高度重视。

4. 学校财务部门未定期跟踪该项目预算执行进度，未及时了解执行较慢

的原因,未及时指导纠正预算执行偏差。

(三) 规范措施

案例学校应采取如下措施建立有效的沟通与信息反馈机制,提高内部管理水平:

一是校长要充分认识沟通对于学校管理和事业发展的重要性,营造平等沟通的氛围,通过沟通机制宣传培训等方式增强学校工作人员的沟通意识。

二是在教育教学、项目实施、经济业务管理等方面明确沟通汇报事项清单、目标和程序,拓展沟通渠道,保证各层级之间双向沟通、多向沟通的顺畅。

三是创新沟通方式,学校不仅可采取面对面沟通、电话沟通、呈文审批等传统方式,还可积极借助即时通讯软件、OA办公系统等进行及时高效的沟通,为学校各类工作的正常开展提供保障。

采购管理与预算管理中的沟通如图1-7所示。

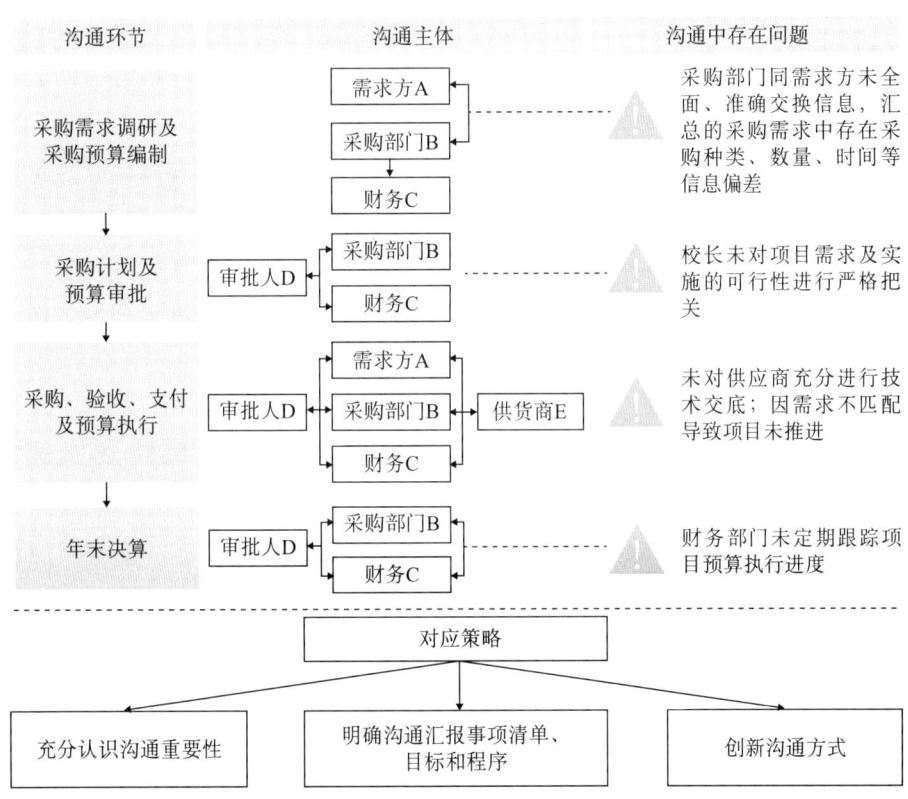

图1-7 采购管理与预算管理中的沟通(以采购活动为例)

(四) 相关拓展

《行政事业单位内部控制规范(试行)》(财会〔2012〕21号)

第二十条 单位应当建立内部预算编制、预算执行、资产管理、基建管理、人事管理等部门或岗位的沟通协调机制，按照规定进行项目评审，确保预算编制部门及时取得和有效运用与预算编制相关的信息，根据工作计划细化预算编制，提高预算编制的科学性。

第二十二条 单位应当根据批复的预算安排各项收支，……单位应当建立预算执行分析机制。定期通报各部门预算执行情况，召开预算执行分析会议，研究解决预算执行中存在的问题，提出规范措施，提高预算执行的有效性。

案例1-6：建立信息公开机制，加大公众监督力度

(一) 案例描述

某中小学校长与该校总务处副主任兼主办会计，用"账外账"上的公款购买商品房，被检察机关侦查终结。学校"账外账"上的资金主要包括学校门面房租金收入和部分择校费等。公诉人告诫该学校上级教育系统有关负责人，应重点加强该学校财务管理。上级教育系统对该校进行了专项财务检查，又发现该校校长私自处理学校财产，将学校老食堂拆除，阶梯教室的财产全部变卖，但学校包括财务人员无人知晓，全部由校长个人处理，学校会议无任何记载，也未在合理范围内进行财务公开。

在专项财务检查过程中，该上级教育系统重点检查了该校的信息公开工作，发现该校对很多重大应公开信息未予公开，有选择地公开了一些收费标准等应付相关检查；也从不在教代会公开财务报告等重要内容。每每有人(含财务人员)关心学校重要建设项目，都以"无关的事情少打听"为由被阻拦，学校财务管理缺少公众监督和财务监督。

(二) 案例分析

本案例表明，中小学校在财务信息公开方面不同程度存在制度不健全、管理和监管不到位、认知存在差异、公开内容不明确等问题，学校财务管理制度不完善等因素也制约阻碍了学校财务信息公开的推进。该学校未建立较为系统、可行的财务信息公开体系，学校领导任意违规处置学校国有资产，

学校资产、资金管理等事项缺少公众监督,严重滋生了违纪违规问题。

(三) 规范措施

根据《教育部关于推进中小学信息公开工作的意见》(教办〔2010〕15号),除涉及国家秘密、个人隐私或公开可能危及校园安全稳定的信息不得公开外,对如下涉及的重要财经信息应主动公开,主要包括学校基本情况(含办学性质、办学地点、办学规模、办学基本条件)、现行规章制度以及办事流程(含财务等)、规划(含预算)、招生(含学生学籍、评优奖励办法,奖学金、助学贷款、助学金、勤工俭学和学费减免)、收费(含类别、项目、标准)、人事(含绩效考核及绩效工资分配办法),以及数量较多的物资采购、基本建设与维修、房产承包与租赁等的招投标结果及实际执行情况;学校经费收支情况,学校资产和受赠物的管理使用情况等。

根据中小学信息公开文件要求,该学校应从以下方面推进信息公开工作:

一是坚持厉行节约、关注民生、注重绩效、强化监督的基本原则,深入调研实际情况,制定一套切实可行、科学合理的财务信息公开体系(见图1-8),明确经费开支标准,既便于学校遵照执行,也便于群众监督反馈意见。

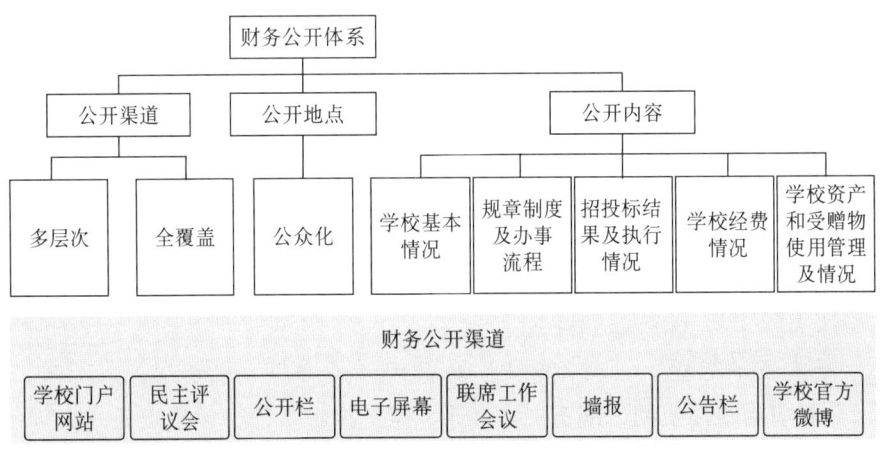

图1-8 财务公开体系

二是应在把握好财务信息公开与财务机密信息保护对立统一关系的基础上,积极拓宽财务公开的渠道,应充分利用学校门户网站、联席工作会议、民主评议会、墙报、公开栏、公告栏、电子屏幕、学校官方微博、微信等渠道,多层次、全方位地进行财务公开,接受公众监督。公布地点要公众化、公布的内容要具体化、热点问题要专门化、公开的时间及要求要明确化。

三是中小学校主管部门应加强对学校财务人员和管理人员的培训，提升财务人员、学校管理者的素质和水平，强化推进财务信息公开结果应用水平。

（四）相关拓展

《中小学校财务制度》（财教〔2022〕159号）

第五十八条　中小学校资产处置应当遵循公开、公平、公正和竞争、择优的原则，严格履行相关审批程序。

第七十七条　中小学校应当建立健全内部控制制度、经济责任制度、财务信息披露制度等监督制度，规范学校各项经济活动，依法公开财务信息。

案例1-7：加大审计整改力度，建立追责问责机制

（一）案例描述

某学校现任校长在接受上级部门经济责任审计时，被审计组提出以前年度的借款长期未进行清理等问题。因该学校前任校长在任期间经济责任审计也存在该问题，审计组判定该学校对以前年度审计结果整改不力。

（二）案例分析

本案例反映出经济责任审计整改难的问题。审计整改意义在于巩固审计工作成果，提高审计执法成效。但在实际工作中，被审单位或是存在畏难情绪，整改避重就轻；或是对以前年度、前任领导整改工作能动性不强；或是对审计机关提出的问题置若罔闻、我行我素；或是敷衍了事，只做表面文章，对于有关内部控制管理漏洞，特别是涉及制度、机制问题重视程度不够，使得整改成效不高。

（三）规范措施

一是应当建强机制，落实主体责任、监督执纪责任、考核责任三大责任。充分发挥被审计单位整改能动性，督促其将整改工作纳入其领导班子议事决策范围，纪检监察机关、组织部门对整改不力情况要严肃问责、执纪，相关整改情况应纳入考核，形成完整的责任体系和闭环管理的长效机制。

二是应当持续跟踪，联合结果通报、实时督促、回访检查三项行动。审计结束后应当在适当范围内通报审计结果，借力信息化系统对审计整改进行实时监控，定期对存在重点关注问题的单位开展审计整改回头看，对屡审屡

犯、整改不力的单位严格打表考核。

三是应当问效见效，突出分类施策、源头分析、结果运用三个要求。"因病问药"对所有问题追踪到底，对整改中的问题实行联合关注解决，坚持"问题清单"和"整改清单"对账销号，对审而不改或整改不到位的单位，严肃追责问责相关人员。

本案例规范措施如图1-9所示。

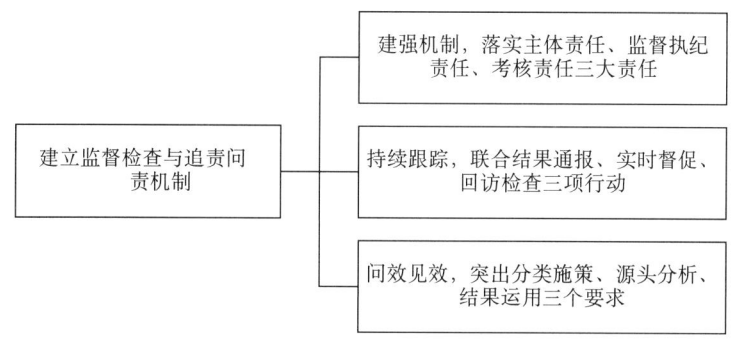

图1-9 监督检查与追责问责机制

（四）相关拓展

《中小学校财务制度》（财教〔2022〕159号）

第七十五条 中小学校财务监督的主要内容包括：

（一）预、决算编制的科学性、真实性、完整性和预算执行的时效性、均衡性；

（二）各项收入、支出的合法性、合规性；

（三）结转和结余资金以及专用基金管理的合规性；

（四）资产管理的安全性、完整性、合规性、有效性；

（五）负债的合规性和风险性；

（六）学生人数、教职工人数等基础数据的真实性和准确性。

第七十六条 中小学校财务监督应当实行事前监督、事中监督、事后监督相结合，日常监督与专项监督相结合。

第七十九条 中小学校及其工作人员存在违反本制度规定的行为，以及其他滥用职权、玩忽职守、徇私舞弊等违法违规行为的，依法追究相应责任。

第二章
预算管理

第一节 基本常识及常见问题简述

一、中小学校预算概念

"凡事预则立,不预则废"。中小学校预算是中小学校根据教育事业发展目标和计划编制的年度财务收支计划,由收入预算和支出预算组成。从形式上看,预算是一套报表以及对这套报表的说明。但实质上,预算不仅是收支计划,更重要的是根据学校事业发展战略和年度工作目标进行资源配置,即:为了保障学校战略及其事业计划的顺利实施,而提前在财务上做出资金筹划和支出安排。预算的目的是确保未来一定时期内有钱办事,也确保这一时期内所有必办的事都有资金作保障,从而推动学校各项事业持续健康发展。

二、中小学校预算编报流程

一般来说,应按照"二上二下"的编报流程开展预算工作(见图2-1)。中小学校预算由学校根据年度事业发展目标和计划以及预算编制的规定,提出预算建议数,经主管部门审核汇总后报财政部门。学校根据财政部门下达的预算控制数编制预算草案,由主管部门审核汇总报财政部门,经法定程序审核批复后执行。

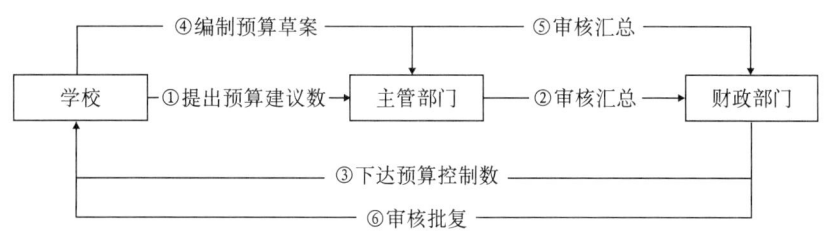

图 2-1　预算编制流程

三、中小学校预算管理基本要求

中小学校要依法依规将取得的各类收入纳入学校预算，未纳入预算的收入不得安排支出。同时，中小学校要坚持勤俭办学，严控"三公经费"支出。先有预算后有支出，严禁超预算、无预算安排支出。强化预算执行和绩效管理意识，"谁申报谁预算、谁预算谁负责、无绩效无预算"，对经费使用及绩效情况建立有效的监督和评价机制，全面加强预算绩效管理，提高资金使用效益。

为了保证按照预定的原则、目标、范围、内容等实施预算，同时为了维护财经纪律，需要对预算活动过程进行管理。预算管理就是对学校党政管理、教学、实验、学生校内外文体及社会实践、学生食宿、校园基础设施维护、基本建设、职工收入等活动的预算保障实行全方位管理，对预算的编制、审批、下达、拨款、执行、控制、调整、监督、决算、评价等活动实行全过程管理，对各方面参与预算活动过程中的所有人员的权力与责任实行全员管理。

就预算而言，学校的预算应当遵循围绕战略、量入为出、收支平衡、统筹兼顾、保证重点、勤俭节约和讲求绩效的原则。就管理而言，学校的预算管理一般应当坚持全面、规范、归责、高效、民主、透明的原则。

四、中小学校预算管理常见问题

中小学校预算管理过程中，容易出现对预算管理重视不够，直接由校长"拍脑袋"定预算，预算编制与工作计划未能相互呼应，重点工作得不到保障，或者粗线条，以便于平时自由操控经费用途；多报或虚报实有人数，套取国家财政资金；项目预算重复申报，导致财政资金闲置和浪费；预算编制不真实，执行不力；部分支出在执行中未及时进行预算调剂；预算执行不均衡，年终突击花钱；预算公开不到位，以及预算绩效目标设随意，缺乏全过程预算绩效管理和考核机制等问题（见表2-1），同时，也要防止预算编制与预算的审核批准由一人兼任、指标下达与经费报销由一人兼任等内部控制的失范。这些情形均容易造成重大的财务风险。

表2-1　　　　　　　　中小学校预算管理常见问题

预算管理过程	预算管理问题
预算编制	"拍脑袋"定预算
	多报或虚报实有人数
	项目预算重复申报
	预算编制不真实
预算执行与调整	部分支出在执行中未及时进行预算调剂
	预算执行不均衡
预算监督	预算公开不到位
预算评价	预算绩效目标设置随意，缺乏全过程预算绩效管理和考核机制

第二节　相关案例

案例2-1：建好预算编报机制，提高预算编制质量

（一）案例描述

2021年10月，某中学在编制2022年公用经费预算时，直接由校长张某和财务负责人王某二人"拍脑袋"来定，其中：办公费100万元，差旅费30万元……未编制采购电脑预算。2022年4月，该校电教主任申请更换一批电脑，因2022年预算中未申报该项预算，导致经费需求无法保障，影响到学校教育教学活动的正常进行，师生反应强烈。在地方审计部门对该校进行的年度预算执行情况专项审计中该问题被审计人员指出，要求限期整改。

（二）案例分析

本案例中，直接由校长"拍脑袋"来定预算不仅违背了《中华人民共和国预算法》的相关规定，同时也没有充分发挥预算在学校事业发展中应有的

作用,影响了预算的科学性、准确性、可行性。问题产生的主要原因有三点:一是学校主要负责人、管理层对《中华人民共和国预算法》等相关法规、政策学习、认识不到位,对预算管理工作重视不够,缺乏预算规划,随意变更预算;二是学校预算管理制度不健全,预算编报未严格按照相关程序进行,对经费安排缺乏科学合理的论证。财务部门和相关业务部门之间缺乏沟通,未建立协同机制;三是学校缺乏高素质、专业化的业财融合工作团队,如图2-2所示。

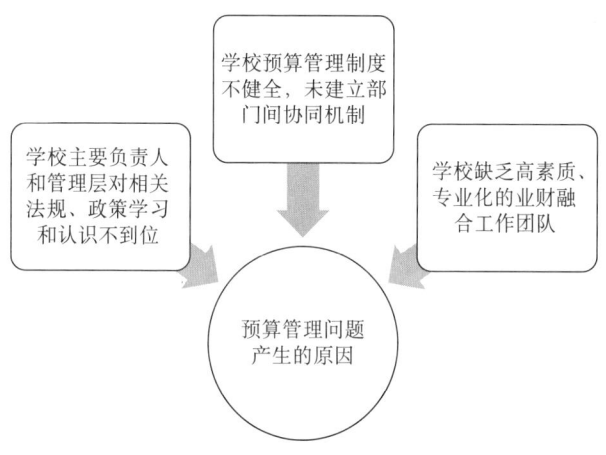

图 2-2 预算管理问题产生的原因

(三) 规范措施

为充分发挥预算在资源配置领域的基础性作用,提高预算的科学性、准确性,学校领导要提高站位,加强对预算法等相关法规、政策的学习,树立正确的预算管理理念,严肃预算刚性要求,真正认识到预算工作在推动学校事业发展中的核心作用。建立健全预算管理机制,加强财务部门与各业务部门之间的有效沟通和协同机制,充分结合学校事业发展战略和年度工作任务需要,收集详细的基础数据资料,并对各方面的信息进行筛选、提取优质的信息,编制科学、准确、详尽的预算草案,确保"所有收入进预算,所有支出靠预算"。

学校内部要加强财务培训,普及财务知识,提高预算认识,努力打造一支高素质、专业化的业财融合工作团队。

（四）相关拓展

1.《中华人民共和国预算法》（2018年修正）（中华人民共和国主席令第22号）

第十二条　各级预算应当遵循统筹兼顾、勤俭节约、量力而行、讲求绩效和收支平衡的原则……

第二十二条　……各部门、各单位应当按照国务院财政部门制定的政府收支分类科目、预算支出标准和要求，以及绩效目标管理等预算编制规定，根据其依法履行职能和事业发展的需要以及存量资产情况，编制本部门、本单位预算草案。

2.《中小学校财务制度》（财教〔2022〕159号）

第十五条　中小学校应当考虑学校维持正常运转和发展的基本需要，参考以前年度的预算执行情况，根据预算年度的收入增减因素和措施，以及以前年度结转和结余情况，积极稳妥地逐项测算编制收入预算草案。

中小学校应当根据学校开展教育教学等活动需要和财力可能，分轻重缓急，编制支出预算草案，按其功能分类编列到项，按其经济性质分类编列到款。

3.《行政事业单位内部控制规范（试行）》（财会〔2012〕21号）

第二十条　……（一）单位应当正确把握预算编制有关政策，确保预算编制相关人员及时全面掌握相关规定。

（二）单位应当建立内部预算编制、预算执行、资产管理、基建管理、人事管理等部门或岗位的沟通协调机制，按照规定进行项目评审，确保预算编制部门及时取得和有效运用与预算编制相关的信息，根据工作计划细化预算编制，提高预算编制的科学性。

案例2-2：杜绝编报虚假预算，确保预算真实可行

（一）案例描述

2020年，某地区在对所属中小学校近三年预算执行情况开展的专项审计中发现以下问题：

1. 2019年，某小学为了在县财政争取更多义务教育阶段财政拨款，时任校长张某安排学校会计刘某在上报学生人数时，多报一些，刘某根据校长的

安排，向县教育局虚报496名学生，骗取国家义务教育阶段国家财政拨款34万元。

2. 2018年9月，某中学"教学楼抗震加固改造工程"项目获批县级财政资金拨款900万元。随后在2020年3月，该校又借此项目向省级财政部门申报预算资金900万元。这两笔拨款一直作为往来款挂账，实际并未执行。

3. 2018年以来，某中学连续三年编制会议费预算，实际均无支出，作为往来款一直挂账。

针对上述问题，上级部门对有关学校进行通报批评并责令限期整改。

（二）案例分析

本案例中提及的预算多报、虚报、重复申报，申报项目同实际需求不符等情况反映出两方面问题：一是中小学校长及预算管理人员法纪意识淡薄，学校管理者决策权力未得到有效制约，使得预算编制不符合"真实性"原则，造成资金闲置和浪费，严重影响财政资金使用效益。二是上级主管部门及财政部门未正确履行工作职责，对有关学校的预算申报材料把关不严、审核"走过场"，多级审核形同虚设。

（三）规范措施

本案例中的学校应认真学习贯彻中央和地方关于预算管理相关文件精神，提高预算认识，加强预算编报管理，准确、如实申报预算，杜绝财政资金的闲置、浪费，不断提高资金的使用效益。各级主管部门及财政部门也应严格落实审核责任，摒弃形式主义作风，加强财政资金监管，严防弄虚作假、套取资金等问题发生，如图2-3所示。

图2-3 规范措施

（四）相关拓展

1.《中小学校财务制度》（财教〔2022〕159号）

第七十四条　中小学校财务监督的主要内容包括：（一）预、决算编制的科学性、真实性、完整性和预算执行的时效性、均衡性……

2.《财政部关于进一步做好预算执行工作的指导意见》（财预〔2010〕11号）

一、进一步完善预算编制

预算编制与预算执行关系密切，各地区、各部门、各单位要采取有效措施，进一步做细、做实、做准预算，为预算执行打下良好基础。

3.《财政违法行为处罚处分条例》（中华人民共和国国务院令第427号）

第六条　国家机关及其工作人员有下列违反规定使用、骗取财政资金的行为之一的，责令改正，调整有关会计账目，追回有关财政资金，限期退还违法所得。对单位给予警告或者通报批评。对直接负责的主管人员和其他直接责任人员给予记大过处分；情节较重的，给予降级或者撤职处分；情节严重的，给予开除处分：（一）以虚报、冒领等手段骗取财政资金……

案例2-3：规范预算调剂程序，严格预算刚性支出

（一）案例描述

2020年由于受疫情影响，某学校差旅、会议大量减少，为了避免未执行完的财政资金年底被收回，财务主管张某同校长刘某商量后，未经报批，即将差旅费预算、会议费预算调剂用于购置一批电脑，导致2020年年终决算时，差旅费预算18万元，实际支出5万元；会议费预算20万元，实际支出7.5万元；设备购置费预算35万元，实际支出58万元。在2021年上级部门开展的财务专项检查中，就该问题被上级部门通报，并要求限期整改。

（二）案例分析

本案例表明该学校缺乏预算意识，年初预算编报未考虑到现实预算环境，预算编报不科学、不合理。未按照财政审批的预算执行，预算支出较为随意，缺乏刚性。在预算执行中遇到新的情况时，未能及时报主管部门审核调剂预算，统筹使用资金。

（三）规范措施

一是要完善预算编报机制，高度重视年初预算编制工作，充分预计当前预算环境，合理科学安排资金。二是应当建立刚性预算执行制度，明确各部

门预算执行职责，强化预算约束，按照先有预算后有支出的要求开支。三是应建立动态预算执行跟踪机制，及时跟进预算执行情况。对于预算执行中出现的新情况和新问题，及时研判，做好预算调剂论证准备。四是充分论证预算调剂方案，明确调剂的理由、项目和金额，并按规定程序报批，实现中期预算调剂。

（四）相关拓展

《中小学校财务制度》（财教〔2022〕159号）

第十八条 预算执行中，财政补助收入和财政专户管理资金的预算一般不予调剂。确需调剂的，由中小学校报主管部门审核后报财政部门调剂。其他资金确需调剂的，按照国家有关规定执行。

案例2-4：加强预算执行监控，防止"突击花钱"

（一）案例描述

某地区在对所属中小学校开展的预算执行情况专项审计中发现，某中学连续两年在11月份、12月份的支出达到当年总支出的50%左右，通过调阅原始凭证发现，该校连续两年在年底大批量组织人员外出学习培训，同时还更新了大批的空调、电脑等办公设备。对此，上级部门给予通报批评并责令整改。

（二）案例分析

本案例中主要存在以下问题：一是学校资金使用缺乏科学合理的规划，年底为规避结余资金收回，出现年末突击花钱现象，造成资源极大浪费。二是学校预算编报不科学、不合理，预算支出不符合学校正常教学活动规律。三是学校预算分配要围绕学校事业发展需要，不能只考虑改善办公设备，应加大提高教学质量、加强师资队伍建设等经费投入。

（三）规范措施

一是学校应转变观念，提高对预算管理的认识，充分考虑学校事业发展的需要和年度工作要点，抓好需求研判，统筹合理安排资金使用计划、设备购置计划等，确保预算方案与学校总体发展方向一致，同实际工作需求一致，从源头上堵住"突击花钱"的缺口，从而提高资金的使用效益，推动学校持续健康发展。

二是加强预算执行进度分析，及时提示预警预算执行缓慢的部门。对一些"据实结算"的项目，催促相关部门分散报销，缓解年末"花钱压力"，提高预算执行进度。

（四）相关拓展

《行政事业单位内部控制规范（试行）》（财会〔2012〕21号）

第二十二条　单位应当根据批复的预算安排各项收支，确保预算严格有效执行。

单位应当建立预算执行分析机制。定期通报各部门预算执行情况，召开预算执行分析会议，研究解决预算执行中存在的问题，提出规范措施，提高预算执行的有效性。

案例2-5：推进预算公开，强化师生和社会监督

（一）案例描述

2021年9月，某地区巡察机构在对某县教育局开展常规巡察中，通过下沉调研发现某中学自2018年以来未通过任何形式在校内向全校师生公开年度预算情况。同时，在部门预算信息公开中，虽然形式上按照上级部门要求的格式进行了公开，但存在公开不及时、"三公"经费公开内容与实际不符等问题。针对上述问题，巡察组组长与该中学校长进行了深入谈话，并要求该中学立即进行整改。

（二）案例分析

本案例表明该中学预算信息公开的主体责任意识薄弱，学校内部未建立畅通的信息公开机制。同时，对于财政部门要求的预算公开，只是被动地完成任务，造成公开不及时，公开内容不全不实。

（三）规范措施

预算信息公开是加强预算监督的重要手段。该学校在加强预算信息公开管理时，应做到：

一是要加强预算政策学习。统一组织学习《中华人民共和国预算法》等法律法规，提高学校主要负责人及工作人员对信息公开工作重要性的认识，牢固树立依法公开的观念，增强做好信息公开工作的责任感。

二是要建立健全信息公开机制，严格落实预决算信息公开的主体责任，

合理设置预决算岗位,明确职责分工,确保在规定时间内保质保量完成预决算信息公开工作。

三是对预算公开信息反馈的各种意见要及时整理分析,采取积极措施进行整改。

本案例原因分析与对应措施如图 2-4 所示。

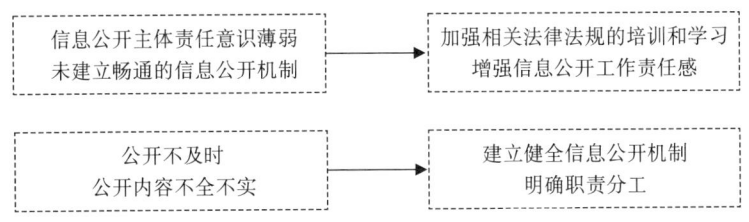

图 2-4 原因分析与对应措施

（四）相关拓展

《中小学校财务制度》（财教〔2022〕159 号）

第二十二条 中小学校的预算、决算应当按照财政部门和主管部门统一要求及时向社会公开。

第七十六条 中小学校应当建立健全内部控制制度、经济责任制度、财务信息披露制度等监督制度,按规定编制和报送内部控制报告,规范学校各项经济活动,依法公开财务信息。

案例 2-6：强化预算绩效管理，完善预算绩效考核体系

（一）案例描述

2022 年，审计机关在对某中学 2021 年度预算执行情况开展审计时发现，该校对预算绩效管理工作重视不够，未结合学校实际研究制定预算绩效管理具体办法和实施细则。同时，存在绩效目标未能清晰反映预算资金的预期产出和效果，绩效指标"形式化"，指标"虚高"或"虚低"，指标结构、权重不合理等问题，如该校在"西操场翻新"项目绩效指标设定中，仅设置了改造面积和改造标准，对于验收合格率、可持续发展等效果指标缺乏相关的细项，导致在绩效评价中没有一个具体的标准来衡量翻新后要达到的应有效果。审计人员就该问题在与校长张某、教务主管刘某、总务主管王某，以及财务主管白某谈话中了解到，学校内部在预算绩效管理方面未形成部门间的合力，

业务部门总以"预算是财务部门的事情，只要本部门的经费能及时报账就行了"为由拒绝参与其中，相关工作基本上由财务科一个部门来完成。此外，该校绩效评价工作流于形式，工作中未能将评价结果与下一年的预算安排相挂钩，从而使预算绩效评价结果缺乏约束力，影响到资金使用效率的提高。

通过谈话，校长张某也认识到学校在预算绩效管理工作中存在的问题，明确表态：即知即改，进一步加强内部沟通协调，将预算绩效管理构建成全员积极参与、业务全方位覆盖以及工作具体过程全过程管理的体系结构。

（二）案例分析

本案例的主要问题在于：该学校对预算绩效管理认识不到位，绩效目标设置不明确，未建立符合项目特点的绩效考核指标体系。校内部门对预算绩效认识薄弱，相互推脱责任。预算绩效评价实施形式化，预算绩效结果反馈应用不到位，预算绩效考核工作难以取得显著成效。

（三）规范措施

预算绩效评价机制是中小学校保证预算管理符合学校实际的重要保障，中小学校应建立"预算编制有目标、预算执行有监控、预算完成有评价、评价结果有反馈、反馈结果有应用"的全过程预算绩效管理机制，做好年初预算经费支出编报的评价、年度预算执行过程的评价和对预算管理工作成效的评价。

首先，中小学校在预算申报时，要设定科学合理的预算绩效目标，这需要校内各个部门结合年度工作要点和计划，做好支出项目的规划与绩效目标设计分解。

其次，中小学校在预算经费支出时，需要对相关活动进行核实分析，考虑是否符合年度工作要点和年初的预算计划、绩效目标，考虑经费使用是否合规合理，考虑该业务涉及的资金投入是否会对学校的健康可持续发展产生影响等，并进行相应的评价；需要合理选择项目，避免超出学校自身的经济负担能力，有效保障学校的年度工作计划和绩效目标高质量完成。

最后，中小学校财务部门还需要对校内各有关单位预算执行情况进行考核，科学、合理、奖惩分明的考核评价制度有助于提高预算管理水平。可以适当地设立奖补政策，以此激励校内各部门积极、高效地用好预算资金。

（四）相关拓展

《中共中央 国务院关于全面实施预算绩效管理的意见》（中发〔2018〕

34号)

预算绩效管理既要全面推进,将绩效理念和方法深度融入预算编制、执行、监督全过程,构建事前事中事后绩效管理闭环系统,又要突出重点,坚持问题导向,聚焦提升覆盖面广、社会关注度高、持续时间长的重大政策、项目的实施效果。

案例2-7:不相容岗位职责分离,强化权力制衡

(一)案例描述

2021年,在对某小学开展的内部控制审计中发现,该校的预算编制与审批工作均由常务副校长王某一人负责,预算拨款与经费报销工作由财务主管张某一人负责,存在内控制度欠完善、关键不相容岗位未分离的问题。

(二)案例分析

本案例表明该学校缺乏内部控制意识,关键岗位设置不合理、不相容岗位未分离。在预算管理的各环节上,内控约束不规范,关键岗位权力不制衡,存在廉洁风险隐患。

(三)规范措施

案例学校应按照《行政事业单位内部控制规范(试行)》要求,建立健全内控机制,明确岗位职责和分工,确保预算编制、审批、执行、评价等不相容岗位相互分离,强化权力运行监督制约。

(四)相关拓展

《行政事业单位内部控制规范(试行)》(财会〔2012〕21号)

第十九条 单位应当建立健全预算编制、审批、执行、决算与评价等预算内部管理制度。单位应当合理设置岗位,明确相关岗位的职责权限,确保预算编制、审批、执行、评价等不相容岗位相互分离。

第三章
收入管理

第一节　基本常识及常见问题简述

中小学校是公益性社会组织。中小学校收入是指学校开展教育教学业务及其他活动依法取得的非偿还性资金。

一、中小学校收入来源

中小学校收入包括财政拨款收入、事业收入、上级补助收入、附属单位上缴收入、经营收入和其他收入等。如表3-1所示。

表3-1　　　　　　　　中小学校收入来源一览表

收入项目	项目解释	举例说明
财政拨款收入	中小学校从同级财政部门取得的各类财政拨款	×市某区属中学每年度收到区级财政拨款480万元
事业收入	中小学校开展教育教学及其辅助活动依法取得的收入	×高级中学每学期收取的学费收入20万元，上缴财政后，财政局返还给该中学
上级补助收入	中小学校从主管部门和上级单位取得的非财政补助收入	×小学从主管部门取得非财政补助收入10万元
附属单位上缴收入	中小学附属的独立核算单位按有关规定上缴学校的收入	×高中校下属独立核算的乙单位上缴利润15万元

续表

收入项目	项目解释	举例说明
经营收入	非义务教育阶段学校在专业业务活动及其辅助活动之外，开展非独立核算经营活动取得的收入	×高中校2020年未独立经营的招待所收入5万元
其他收入	除上述各项外的投资收益、利息收入、社会捐赠、非本级财政补助收入、租金收入等收入	×区属小学收到市教委拨付的学生科技活动专项款5万元

财政拨款收入，即中小学校从同级财政部门取得的各类财政拨款。

事业收入，即中小学校开展教育教学及其辅助活动依法取得的收入。

上级补助收入，即中小学校从主管部门和上级单位取得的非财政补助收入。

附属单位上缴收入，即中小学附属的独立核算单位按有关规定上缴学校的收入。

经营收入，即非义务教育阶段学校在专业业务活动及其辅助活动之外，开展非独立核算经营活动取得的收入。

其他收入，即除上述各项外的投资收益、利息收入、社会捐赠、非本级财政补助收入、租金收入等收入，为在校学生提供课后服务收取的服务性费用收入属于其他收入。

二、中小学校收入管理要求

中小学校必须严格按照国家的政策组织收入，收费的范围和标准要按照国家的政策和批复进行，并且要使用规范合法的票据。所有收入要全部纳入学校的预算，统一核算统一管理，未纳入预算的收入不得安排支出。

校长要重视收入的各环节管理，加强内部控制，规范学校的收入核算工作，加强稽核，防止错收、漏收，杜绝有关人员在收入环节的舞弊行为。学校可以在有关法律法规允许的范围内，扩大学校收入的渠道，减轻国家财政负担，发展教育事业。

学校在完成正常的教育教学任务外，为在校学生提供学习、生活所需的相关便利服务，以及组织开展研学旅行、课后服务、社会实践等活动，对应由学生或学生家长承担的部分，可根据自愿和非营利原则收取服务性费用。

相关服务由学校之外的机构或个人提供的,学校可代收代付相关费用。服务性收费和代收费即时发生即时收取,不得与学费、住宿费一并收取。

行政事业性收费要按照财政隶属关系使用财政部门印(监)制的财政票据,服务性收费应使用相应的税务发票,代收费时应使用资金往来结算票据。

学校在组织收入时,应杜绝以下行为:设账外账,沉淀截留非税收入,擅自增加收费项目、扩大收费范围和提高行政收费标准;利用应付及暂存往来会计科目挂账收入,收入直接冲减支出,推迟或提前确认收入,混淆收入类别。

第二节 相关案例

案例3-1:严格资金账户管理,防止"账外账"和"小金库"

(一)案例描述

某公立学校经过上级主管部门审批同意设立了国际部,由于国际部学费标准较高,学费收入较多,相应国际部的聘用教师人员支出、学生活动支出也较多。按照校长指示,学校财务人员不了解银行账户管理的政策要求,另外开设了银行账户,并将国际部学费收入存入该账户,专项用于国际部支出。同时,单独设立了会计核算收支账簿。学校每年根据经费需要,将上述账户中的部分收入转入学校财务账户。

此问题一经审计就被发现,该校违背相关的收入管理制度,对国际部学费收入未纳入学校统一银行账户管理,形成"账外账"和"小金库"。校长和相关财务人员均受到相关处分及批评教育,校长表示为了图一时管理方便,险些酿成大祸,教训深刻。

(二)案例分析

本案例中,该学校将学费收入单独存于学校账户之外,单独列支费用、单独核算,形成了"账外账"和"小金库"。出现此现象的主要原因有三点(见图3-1):

第一,学校管理人员对相关法律制度学习不到位,财务底线意识薄弱,

错误地认为只要钱不是装进自己的腰包,为了集体的利益就不是违法;

第二,学校收入管理规章制度不完善;

第三,上级部门对学校管理人员财务制度的培训教育不足。

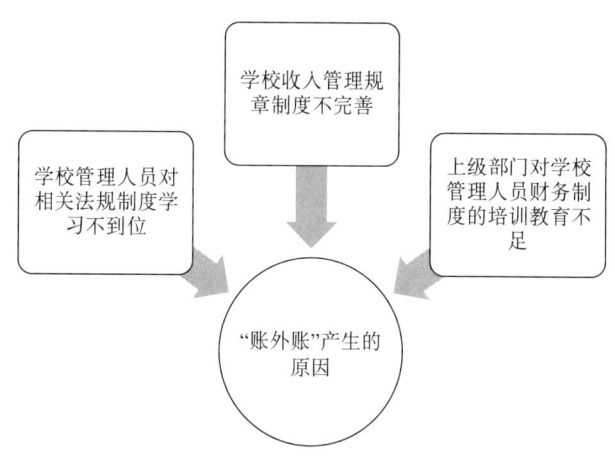

图3-1 "账外账"产生的原因

(三) 规范措施

学校应把握收入管理最基本的原则,将各项收入全部纳入学校预算,统一核算,统一管理,避免会计信息失真,造成国家财政收入和国有资产的流失,防止诱发和滋生腐败(见图3-2)。

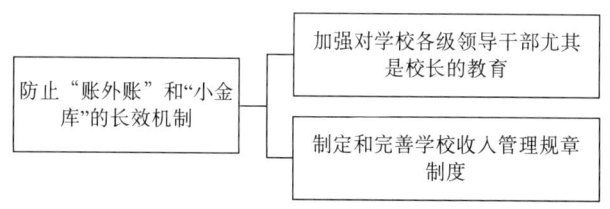

图3-2 防止"账外账"和"小金库"的长效机制

一是加强对学校各级领导干部尤其是校长的教育,增强开展治理工作的自觉性,进一步强化遵纪守法观念和廉洁意识。结合"账外账""小金库"治理工作中查处的典型案例,组织开展廉政警示教育,切实提高教育的针对性和实效性。

二是制定和完善学校收入管理规章制度。进一步加强财政收支监督管理,提高财政资金使用的规范性和有效性。建立健全学校预算、财务公开制度，增强预算、财务透明度。进一步规范并严格执行财务会计管理制度，完善内控和监督机制。

（四）相关拓展

1.《财政违法行为处罚处分条例》（中华人民共和国国务院令第 427 号）

第十七条　单位和个人违反财务管理的规定，私自存放财政资金或者其他公款的，责令改正调整有关会计账目，追回私存私放的资金，没收违法所得。对单位处以 3000 元以上 5 万元以下的罚款。

2.《设立"小金库"和使用"小金库"款项违法违纪行为政纪处分暂行规定》（监察部　人力资源和社会保障部　财政部　审计署令第 19 号）

第三条　国有及国有控股企业、事业单位有设立"小金库"或者使用"小金库"款项行为的，对负有责任的领导人员和其他直接责任人员中由国家行政机关任命的人员，由任免机关或者监察机关按照管理权限，依法给予处分。

3.《中小学校财务制度》（财教〔2022〕159 号）

第二十六条　中小学校应当将各项收入全部纳入学校预算，统一核算，统一管理，未纳入预算的收入不得安排支出。

中小学校严禁设立"小金库"，严禁账外设账，严禁公款私存。

案例 3-2：加强收费归口管理，做到应收尽收

（一）案例描述

2011 年，某公立高中为顺应教育全球化趋势，通过建立中外合作办学模式，引进境外优质教育资源，在主管部门批准后设立了中外合作项目班。在完成各项严格的审批手续后，该高中与某教育投资公司签署了中外办学合作协议，协议中约定由该高中负责课程设置与教育教学人员配置，该教育投资公司负责日常管理。同时由该教育投资公司直接向学生收取国际部学费，每年 9 月将该学年学费收入的 80% 支付给该高中。但自 2015 年始，该高中便未再收到该教育投资公司支付的学费，由于该校财务人员变动，且未妥善处理好交接工作，未及时上报校长及相关管理部门，校长对此事也未给予足够的关注，学校也未采取催缴行为，造成合作办学收入流失等巨大损失，且为后

续追缴工作带来较大障碍。

2014年,经过主管部门批准,该高中在维持正常教育教学活动外,与某物业管理公司签订了房屋出租协议,约定将学校内一栋闲置办公楼出租给某物业管理公司进行经营管理,同时该物业管理公司向学校支付房屋租金,成为学校自筹收入。但自2018年起,该物业管理公司以经营不善,持续亏损为由拒绝支付房屋租金,负责此事的总务部门在此期间未采取解除合同、催缴租金等法律手段解决问题,学校也未建立专项工作组调查处理后续合同纠纷,直至审计日,该办公楼仍由该物业管理公司继续使用,成为该学校最难以根治的"历史遗留问题"。

(二)案例分析

本案例中,该学校自2015年之后便未收到某教育投资公司返还的合作办学收入,同时从2018年开始也未收到租金收入,学校对于以上收入都未进行催缴及采取相应的法律措施,导致学校收入受损,未按要求做到各项收入"应收尽收,及时入账"。出现这类现象的主要原因有以下几点:第一,校长对学校收入管理重视不够,没有应收尽收、及时收取的意识。第二,学校的收入管理较为松散,相应的合同管理、人员岗位变动交接管理都没有形成制度并严格执行。第三,相应岗位人员缺乏国有资产管理和法律知识的培训,责任心不强。以上种种原因导致学校未按照合同的约定及时收取合作办学收入及租金收入,未对收入进行定期跟踪,造成了国有资产的流失(见图3-3)。

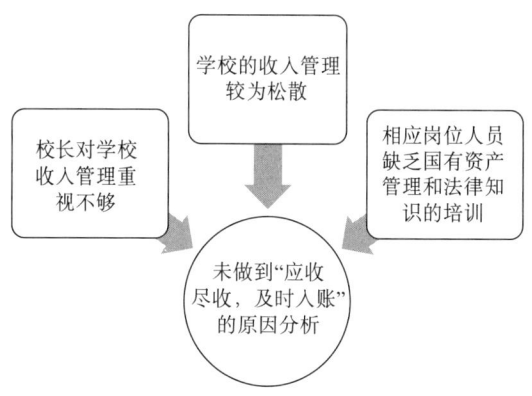

图3-3 未做到"应收尽收,及时入账"的原因分析

(三) 规范措施

为响应国家加强和规范教育收费管理与事业单位国有资产管理号召，避免国家财政收入与国有资产的流失，一是要增强收入管理意识，关注收入入账的及时性，加强对相关岗位工作人员的培训教育。二是要完善收入管理有关制度并严格执行。及时核查资金的入库情况，及时足额收回国有资金，保证国有资产的安全、完整。三是应启动收入催缴工作，按照合同约定及时收取中外办学学费，并将学费收入全部纳入学校预算管理（见图3-4）。

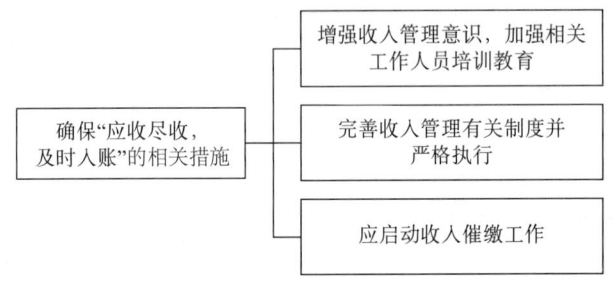

图3-4 确保"应收尽收，及时入账"的相关措施

学校应当全面落实教育收费政策，健全教育收费管理制度，同时要对用于对外投资、出租和出借的资产实行专项管理。将教育收费收支、利用国有资产出租等收支全部纳入单位预算，统一核算，统一管理。

(四) 相关拓展

1.《关于进一步加强和规范教育收费管理的意见》（教财〔2020〕5号）

第四条 中外合作办学和非全日制研究生教育收费政策，由各省制定。

第十四条 学校要将教育收费收支全部纳入部门预算管理，加大资金统筹力度。

2.《事业单位国有资产管理暂行办法》（2019年修订）（中华人民共和国财政部令第100号）

第二十三条 除本办法第五十六条及国家另有规定外，事业单位对外投资收益以及利用国有资产出租、出借和担保等取得的收入应当纳入单位预算，统一核算，统一管理。

案例3-3：坚持收支两条线，及时足额上缴非税收入

（一）案例描述

在某次审计中发现，某公立中学2016年至2018年间，在教育收费收支管理、非税收入管理以及会计账务处理等方面均存在较严重的问题，上级单位对相关责任人予以行政处罚并提出了一系列整改建议。

2016年9月，该公立中学收取高中学费200万元，住宿费40万元，共上缴财政专户180万元。剩余的60万元未完成上缴手续，为了工作方便直接存入学校基本账户并用作日常公用经费支出。校长及相关财务人员对政府"收支两条线"管理方式的理解不到位，错误地认为只要按照收入标准收取学费、住宿费，后续严格遵循公用经费支出用途支出，就可以避免违纪违规风险。

2017年至2018年间，经上级主管部门批准，该中学在维持正常教育教学活动外，将学校一批房屋与铺面出租获得租金收入。由于学校财务人员对政府会计制度理解不到位，想当然地将房租收入归集在"其他应付款——房租收入"科目核算，而未放入"应缴财政专户款"科目核算。与此同时，审计发现2017年四季度的租金收入相应税金也未及时申报并足额缴纳。

2018年1月，经上级主管部门批准，该中学按规定处置了校内一批废旧电视机，但由于校长对"国有资产属于国家""国有资产处置收入属于国家所有"这一认识不到位，财务人员将此处置收入进行隐瞒，用于了个人消费，并未上缴国库。

（二）案例分析

本案例中，该公立中学在收到学费、住宿费及房屋与铺面租金后，未及时纳入单位预算管理，未按时足额上缴财政国库，未进行准确的会计核算。出现此问题的原因有几点（见图3-5）。

第一，学校不重视非税收入的管理，收取学费、住宿费后未及时完成上缴，并且直接从应上缴经费中进行支出，这一行为违反了收支两条线的管理原则。

第二，学校为了逃避财政监督或因财务人员专业能力不足，未按照会计制度规定正确进行账务处理，造成收支不实，影响了会计信息的真实性和准确性。

第三，学校未按照国库集中收缴的有关规定及时足额上缴相关税金及资产处置收益等，造成国有资产流失。

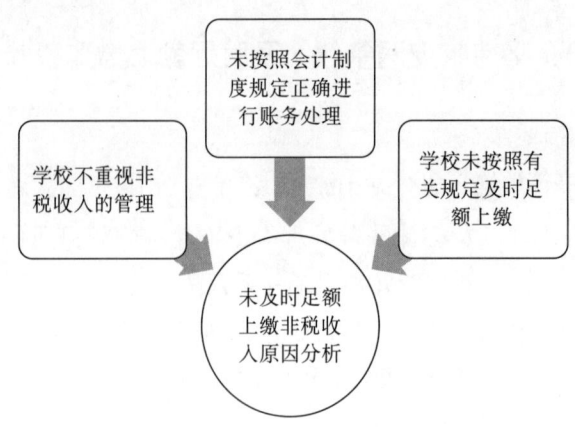

图3-5 未及时足额上缴非税收入原因分析

以上原因都会导致国家财政收入与国有资产流失,出现错账、漏账与账实不符等现象,从而诱发学校相关人员出现贪污腐败行为,学校与个人都将面临巨大的违法违纪风险。

(三)规范措施

为落实国家加强和规范教育收费管理政策、遵循政府非税收入管理办法与事业单位财务规则,避免国家财政收入与国有资产的流失,杜绝会计信息失真现象。一是学校要严格按照非税收入管理规定,将资产处置收入、房屋出租收入、废旧物资变卖收入等非税收入及时、足额缴入国库或财政专户;二是学校内部审计监察部门应加强非税收入管理监督工作,对于隐匿、滞留、截留非税收入和坐支、挪用非税收入等问题进行重点整治;三是学校要加大对财务人员的培训,在实务工作中准确进行账务处理,规范使用会计科目(见图3-6)。

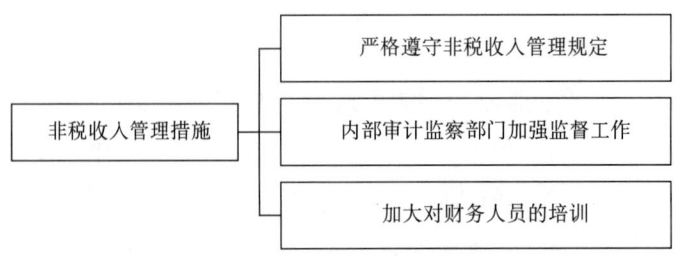

图3-6 非税收入管理措施

(四) 相关拓展

1.《关于进一步加强和规范教育收费管理的意见》(教财〔2020〕5号)

第十三条 加强教育收费收支管理。公办普通高中和中等职业学校学费、住宿费,公办高等学校学费、住宿费、委托培养费、函大电大夜大及短期培训费等收入,作为事业收入,按照"收支两条线"要求,纳入财政专户管理。……学校要将教育收费收支全部纳入部门预算管理,加大资金统筹力度;教育收费安排的相关支出按规定纳入项目库规范管理。结合教育收费等其他收入情况,统筹安排财政拨款预算,更好发挥财政资金使用效益。各地不得将学校收费收入用于平衡预算,不得以任何形式挤占、截留、平调、挪用学校收费资金。

2.《政府会计制度》和《事业单位财务规则》(中华人民共和国财政部令第108号)

关于"应缴财政款"的规定:学校取得或应收的按照规定应当上缴财政的款项,应当按照有关规定向上级部门及时交纳相关资金,并进行账务处理。

3.《政府非税收入管理办法》(财税〔2016〕33号)

第十二条 执收单位应当履行下列职责:……(二)严格按照规定的非税收入项目、征收范围和征收标准进行征收,及时足额上缴非税收入,并对欠缴、少缴收入实施催缴。

第十七条 非税收入应当全部上缴国库,任何部门、单位和个人不得截留、占用、挪用、坐支或者拖欠。

第十八条 非税收入收缴实行国库集中收缴制度。

案例3-4:规范教育收费管理,杜绝教育乱收费现象

(一) 案例描述

每到开学季,强制购买平板电脑、教育APP,超标收取学杂费,高价午餐费、高价校服、高价教辅资料等教育乱收费现象就会被曝光。为响应发展改革委、教育部关于治理教育乱收费等政策要求,国务院大督查近期曝光了部分学校教育乱收费行为,以示警醒。

自2018年9月起,某中学共12个班566名学生被要求参加"平板教学",要求学生购买某教学系统APP,每生三年共计收取5998元;

2021年1月,某高级中学违规跨学期、超标准收取学费、住宿费,违规收

取公物押金费、军训服装费、保险费、体检费、教辅资料费合计5255.38万元；

2021年3月，某实验小学向2940名学生收取饮水费8.82万元；

2021年8月，某实验学校违规开办暑期托管班，违规收取198名学生费用（含托管费、车费、餐费），共计14.6万元；

2021年10月，某学校预先收取本学期学费、住宿费、餐费，但由于疫情原因，学生仅在学校上课一周，其余时间均为网课，没有在校住宿和就餐，学校也没有返还相关费用；

2021年，某学校打着"自愿"的幌子，通过设立"智慧班""未来班"等方式巧立名目要求学生购买平板电脑及学习软件，有的学校甚至为相关企业"搭台唱戏"推介学习软件。

这些教育乱收费现象的滋生绝非偶然，"前紧后松，偷袭收费""化整为零，分次收费""假借民意，变相收取"等已经成为一些学校规避国家政策的新手段。名目繁多的收费，不仅加重了学生家庭的经济负担，损坏了学校的形象，也引发了社会各界的强烈不满。

（二）案例分析

中小学校乱收费，已成为社会上不正之风的突出表现，而造成教育乱收费的学校层面原因还是校长对教育收费的底线主观意识不足以及学校和个人的不当利益驱使。

教育乱收费现象覆盖面广、乱收费行为危害面大，且具有很强的反弹性，此起彼伏，难以根治。长此以往，会对学生和家长的合法权益造成侵害，从而严重影响教育公平，扰乱教育生态。

（三）规范措施

治理教育乱收费要从源头上杜绝，把好脉，拿出法律的"杀手锏"，对教育乱收费"零容忍"（见图3-7）。

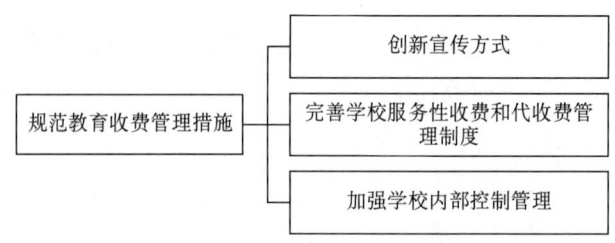

图3-7 规范教育收费管理措施

一是要创新宣传方式，加强教育收费政策的宣传和解读，推动学校落实教育收费政策，提高认识、依法收费。

二是要完善学校服务性收费和代收费管理制度，严格执行相关文件，遵循"学生自愿、据实收取、不得盈利、及时结算、定期公布"的原则。

三是要加强学校内部控制管理，加强教育收费监督，严格审批收费项目，加大乱收费违规行为查处力度，日常监督与定期检查同时开展，一经查证，必须严惩，保证收费的归口管理，杜绝学校各部门及教师脱离学校监管进行乱收费。

（四）相关拓展

1. 《中小学校财务制度》（财教〔2022〕159号）

第二十七条　中小学校组织收入应当合法合规，各项收费应当严格执行国家规定的收费范围、收费项目和收费标准，不得擅自扩大收费范围、增加收费项目、提高收费标准。

2. 《发改委　教育部关于规范中小学服务性收费和代收费管理有关问题的通知》（发改价格〔2010〕1619号）

第一条　严禁将讲义资料、试卷、电子阅览、计算机上机、取暖、降温、饮水、校园安全等作为服务性收费和代收费事项。农村地区义务教育阶段学校除按规定向学生收取作业本费、向自愿入伙的学生收取伙食费外，严禁收取其他任何费用。

3. 《关于进一步加强和规范教育收费管理的意见》（教财〔2020〕5号）

完善学校服务性收费和代收费等政策。……国家已明令禁止的或明确规定由财政保障的项目不得纳入服务性收费和代收费，学校不得擅自设立服务性收费和代收费项目，不得在代收费中获取差价，不得强制或暗示学生及家长购买指定的教辅软件或资料，不得通过提前开学等形式或变相违规补课加收相关费用。

学费、住宿费的收取实行"老生老办法、新生新办法"，按照学年或学期收取，不得跨学年（学期）预收。学生如因故休学、退学、提前结束学业或经批准转学，学校应根据实际学习时间合理确定退费额度。

案例3-5：落实教育收费公示制度，主动接受社会监督

（一）案例描述

2019年9月，有学生家长向当地教育委员会举报反映某高中当年在学校招生简章、入学通知书、收费公示栏、公示墙、校园网等位置均未对学费进行公示，同时发现住宿费事项在校园网内的公示信息不全，学校仅写明住宿费金额一项，而并未包含住宿费收费依据文件、收费项目、收费标准、收费资金的用途及投诉电话等内容。

教委相关人员经调查证实该学校确实存在教育收费未公示现象，对校长及相关财务人员予以记过等行政处分。该校负责人解释称，因收费标准全市统一，故未意识到应对该收费标准进行公示，并强调会严格落实教育收费公示制度，尽快将收费项目和各项标准按要求进行公示。

（二）案例分析

本案例中，该学校忽视了教育经费公示内容的完整性，未按要求公示部分教育经费。出现此现象的原因主要有以下两点：

第一，学校未严格贯彻落实《教育收费公示制度》《关于进一步加强和规范教育收费管理的意见》等政策要求，相关知识学习不足或置若罔闻。

第二，学校未主动接受或未提供合理途径接受社会监督，法律意识淡薄。确定存在因收费标准全市统一，故未意识到应对该收费标准进行公示等现象，这从侧面反映出收费公示制度落实还不够、教育收费相关政策处罚力度还未深入人心。

（三）规范措施

为严格执行教育收费公示制度，学校应建立健全规范化的收费公示动态管理制度（见图3-8）。

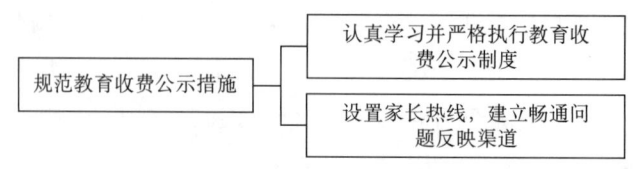

图3-8　规范教育收费公示措施

一是学校所有教育收费，均应执行教育收费公示制度。如在学校大门醒目位置、缴费处、学生公寓、住宿区、食堂等学生相对集中的地方设立固定公示牌（栏、墙），向社会公布收费政策、项目、标准、计费单位、收费依据（批准机关及文号）。

二是可设置家长热线，畅通反映问题渠道，对违反规定乱收费、不按规定使用收费票据、应公示而未公示、公示内容与规定政策不符、实际收费与公示内容不符的收费等问题进行投诉和反映。

（四）相关拓展

1.《教育收费公示制度》（计价格〔2002〕792号）

教育收费公示制度是学校通过设立公示栏、公示牌、公示墙等形式，向社会公布收费项目、收费标准等相关内容，便于社会监督学校严格执行国家教育收费政策，保护学生及其家长自身合法权益的制度。

凡按国家规定的审批权限和程序制定的教育收费，包括义务教育学校的杂费、借读费、有寄宿制学校的住宿费和非义务教育学校的学费、住宿费等学校所有的收费，均应实行公示制度。公示的主要内容包括收费项目、收费标准、收费依据（批准机关及文号）、收费范围、计费单位、投诉电话等。对家庭经济困难学生实行收费减免的政策也应进行公示。

2.《关于进一步加强和规范教育收费管理的意见》（教财〔2020〕5号）

严格执行教育收费公示制度。各地要严格执行教育收费公示制度，未经公示不得收费。各级各类学校应建立健全规范化的收费公示动态管理制度，主动接受社会监督。应将收费项目和标准在校内醒目位置向学生公示，在招生简章和入学通知书中注明。义务教育阶段民办学校收费标准应和学校获得的生均公用经费补助一并公示。对按规定应当公示而未公示的收费，或公示内容与规定政策不符的收费，学生有权拒绝缴纳。

第四章
支出管理

第一节　基本常识及常见问题简述

支出是指中小学校开展教育教学及其他业务活动中发生的各项资金的耗费和损失,是中小学校财务管理的重要方面。

一、中小学校支出范围

按照支出的用途可分为:事业支出、经营支出、对附属单位补助支出、上缴上级支出、其他支出。如表4-1所示。

表4-1　　　　　　　　　学校支出项目一览表

支出项目	项目解释	举例说明
事业支出	中小学开展教育教学及其辅助活动发生的基本支出和项目支出	某学校工资福利支出合计30万元
经营支出	非义务教育阶段学校在教育教学及其辅助活动之外开展的非独立核算经营活动发生的支出	—
上缴上级支出	中小学按照财政部门和主管部门的规定上缴上级单位的支出	某学校按规定上缴上级单位5万元
对附属单位补助支出	非义务教育阶段学校用财政补助收入以外的收入对附属单位补助发生的支出	某学校对其附属单位补助3万元
其他支出	上述规定范围以外的各项支出,包括利息支出、捐赠支出等	某学校进行慈善捐赠支出5万元

事业支出，即中小学开展教育教学及其辅助活动发生的基本支出和项目支出。基本支出是指中小学校为了保障其正常运转、完成教育教学任务和其他日常工作任务而发生的人员和公用支出。项目支出是指中小学校为了完成特定工作任务和事业发展目标所发生的支出。

经营支出，即非义务教育阶段学校在教育教学及其辅助活动之外开展的非独立核算经营活动发生的支出。

对附属单位补助支出，即中小学校用财政补助收入以外的收入对附属单位补助发生的支出。

上缴上级支出，即中小学按照财政部门和主管部门的规定上缴上级单位的支出。

其他支出，即上述规定范围以外的各项支出，包括利息支出、捐赠支出等。

二、中小学校支出管理重点

中小学校支出管理重点包括以下八个方面（见图4-1）：应当将各项支出全部纳入学校预算，建立健全支出管理制度；应当坚持厉行节约，严格执行国家规定的各项开支范围和开支标准；非义务教育阶段学校开展非独立核算经营活动，应当加强经济核算，经营支出应当与经营收入配比；应当加强支出的绩效管理，提高资金的使用效率；加强资金的支付管理，严格执行国库集中支付制度、政府采购及公务卡制度等有关规定；加强专项资金管理，专款专用，分项目管理；加强各类票据的管理；加强支出会计核算的管理。

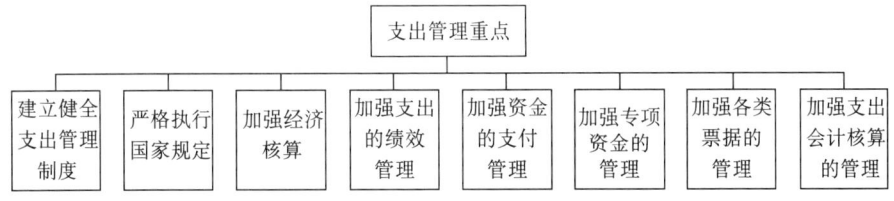

图4-1 支出管理重点

三、中小学校支出管理要求

中小学校长要在支出管理上强化底线思维，坚决执行国家的财经纪律和财政财务制度,增强对自己行为的约束力;强化财务管理意识,健全财务管理机制,加强对财务人员的职业道德及专业能力的培养,提高学校的财务管理能力;强化财务理论和实务的学习,全面了解学校财务支出状况。

中小学校长在支出管理中应杜绝以下行为:无预算支出,违反集体决策支出,违反专项资金使用原则支出,违规发放工资补贴,超标准超范围支出,利用虚假业务套取财政资金、义务教育阶段学校对外投资等。

第二节 相关案例

案例4-1:健全支出管理办法,强化制度执行

(一)案例描述

2018年年末,在某市上级部门例行审计检查中,发现某学校内控体系建设条例中未包含支出管理办法,对各类支出把控力度不够,尤其是在差旅费方面。调查发现,自2018年9月以来,由于会议、培训项目繁多,各部门教师出差频繁,差旅费金额较往年增长较多,但差旅报销标准却不统一,相关票据也不规范。例如,1月12日教师李某参加全国数学师资培训产生差旅费3500元,但报销单填报日期为3月31日,并未按学校规定在30个工作日内完成报销,也未提交任何情况说明。与此同时,审计发现该学校在《"三重一大"议事制度》中明确规定"10万元以上的项目支出必须进行集体决策",但实际情况是学校70%以上的10万元以上支出项目均未上会讨论,相关项目人员表示对这一标准并不知情。同样,审计发现2018年4月的一笔报销单的支出用途为"支付校园文化景观设计费15万元",但该笔支出未见相关会议记录。这些问题经审计披露,校长和相关人员均受到相关处分及批评教育,校长表示学校确实存在制度和执行脱节的现象,其他相关人员也纷纷表示由于自身专业性不够、缺乏制度权威意识等原因,致使学校与个人都面临巨大的违纪违规风险。

(二)案例分析

本案例中,通过审计发现的报销标准不统一、制度流程"走过场"等问

题均反映出该学校未建立适合本校实际情况的内部控制体系,支出管理等经济业务制度缺失或未随环境变化及时进行修订。同时,制度与执行脱节的现象也反映出学校未严格按照"三重一大"、费用报销等管理制度执行,内部控制相关制度流于形式,流程制度在校内的推广与普及任重而道远。

(三)规范措施

根据《行政事业单位内部控制规范(试行)》的要求,学校应建立适合本单位实际情况的内部控制体系并组织实施,其中关于建立健全支出管理办法,应严格按照制度执行,这就要求学校采取以下两方面措施:一是要强化制度建设。学校应当结合实际情况,将支出管理领域外部各类监管要求内化为内部操作规范,对各项支出的责任划分、审核、审批、支付报销以及监督检查等内容制定严格的管理制度,规范工作流程。对于差旅费、培训费、会议费、"三公"经费等重要支出进行严格把关、重点管控。同时,应根据内外部情况变化及时对学校各项管理办法进行修订。二是要强化制度执行。要切实强化制度意识,学校领导干部应当带头维护制度权威,做制度执行的表率,带动全校工作人员自觉尊崇制度、严格执行制度、坚决维护制度。健全权威高效的制度执行机制,加强对制度执行的监督,坚决杜绝做选择、搞变通、打折扣等现象,不断增强制度的权威性和执行力,让制度管用见效,如图4-2所示。

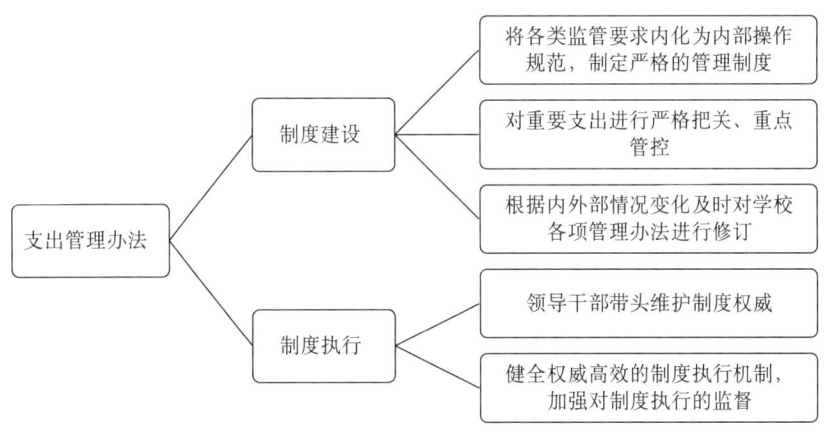

图4-2 支出管理办法

(四)相关拓展

1.《行政事业单位内部控制规范(试行)》(财会〔2012〕21号)

第七条　单位应当根据本规范建立适合本单位实际情况的内部控制体系，并组织实施。

2.《中小学校财务制度》（财教〔2022〕159号）

第三十一条　中小学校应当将各项支出全部纳入学校预算，实行项目库管理，建立健全支出管理制度，未纳入预算项目库的项目一律不得安排预算。

案例4-2：加强支出核算管理，规范会计业务处理

（一）案例描述

某县级市普通高中由于缺乏专职财务人员，财务管理基础工作一直较为薄弱。新政府会计制度和预算一体化实施后，为规范学校财政教育资金使用管理，保证资金安全，确保学校新政府会计制度的有效实施和预算一体化正常运行，当地财政局于2021年6月对该高中财务运行及会计核算情况进行了重点调查。发现存在以下问题：一是会计凭证不规范，表现为原始凭证不完整，存在票面数量、单价、金额填列不全，大小写金额不一致或只有大小写金额，无任何支出内容，支出手续不完备。原始凭证上无填制单位公章或无制单人姓名，无法确定原始凭证的来源；二是账务处理不规范，表现为记账凭证填制内容不能说明经济业务的具体情况和内容，使用科目不正确，支出界定不清，出现经营支出列到事业支出等现象。与分管校长及财务人员沟通后得知，该校缺乏专职财务人员，相关财务工作由两名其他部门行政人员分管，对政府会计准则、会计基础工作规范等政策性文件学习不及时、认知不到位。

财政局相关人员对校长和财务人员进行了批评教育。

（二）案例分析

从会计核算层面看，该学校财务人员在会计凭证与账务处理方面均未按照《会计基础工作规范》与政府会计准则相关要求进行实操，在会计核算过程中对不同种类事项的处理无法确保合理性与准确性，也无法及时完整地进行会计处理与数据计算。从整体管理层面看，校长与分管校长对会计核算管理的重视不够，学校团队管理松散，财务人员队伍建设滞后，导致会计核算工作不规范，存在报销单据审核不严谨、报销记账不及时、记账摘要不规范、原始单据不符合规定、记账科目错误等问题，影响了会计信息的准确性、及

时性与完整性。

（三）规范措施

为严格执行支出核算管理，规范支出会计业务处理，学校应从以下三方面着手（见图4-3）：首先，在制度建设方面，应规范报销管理制度，完善财务报销要求，明确内部审批、审核、支付、核算和归档等支出关键岗位的职责与权限。其次，支出核算方面，财务人员应加强对原始凭证真实性、合法性、合理性、完整性、正确性、及时性的审核，正确行使会计监督职权，对违反法律规定的会计事项，应拒绝办理或者予以纠正。会计人员应根据审核无误的原始凭证填制记账凭证。复核人员应加强对记账凭证真实性、完整性、正确性审核。避免因会计凭证填制错误，影响会计账簿登记，影响会计信息正确性。最后，在财会队伍建设方面，应加强财务人员选聘和培训工作管理。应选拔录用政治素质高、业务能力强的人员从事财务工作，充实财会人员队伍。加强会计人员培训，制订培训计划，定期组织、选派财会人员参加专业及相关法律知识培训学习。

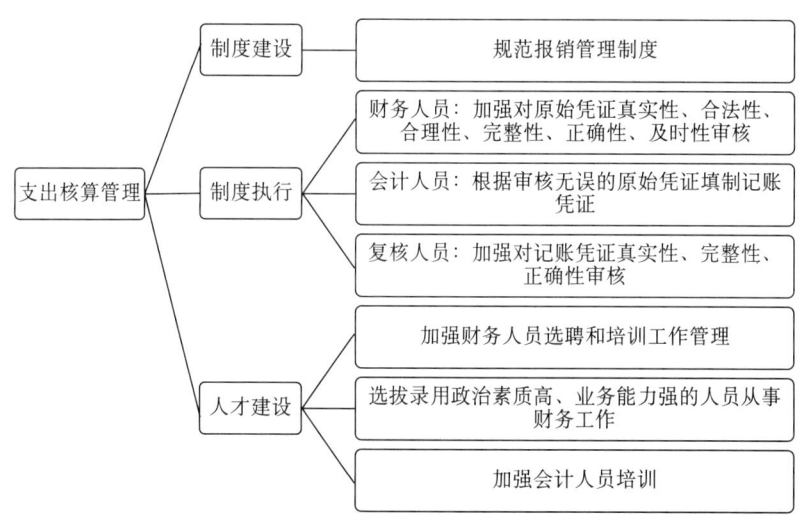

图4-3 支出核算管理

（四）相关拓展

1.《会计基础工作规范》（2019年修订）（中华人民共和国财政部令第98号）

第五十一条 ……（四）除结账和更正错误的记账凭证可以不附原始凭证外，其他记账凭证必须附有原始凭证。

2.《行政事业单位内部控制规范（试行）》（财会〔2012〕21号）

第三十条 单位应当按照支出业务的类型，明确内部审批、审核、支付、核算和归档等支出各关键岗位的职责权限。实行国库集中支付的，应当严格按照财政国库管理制度有关规定执行。……（二）加强支出审核控制。全面审核各类单据。重点审核单据来源是否合法，内容是否真实、完整，使用是否准确，是否符合预算，审批手续是否齐全。……（四）加强支出的核算和归档控制。由财会部门根据支出凭证及时准确登记账簿；与支出业务相关的合同等材料应当提交财会部门作为账务处理的依据。

3.《政府会计准则——基本准则》（中华人民共和国财政部令第78号）

第十一条 政府会计主体应当以实际发生的经济业务或者事项为依据进行会计核算，如实反映各项会计要素的情况和结果，保证会计信息真实可靠。

案例4-3：严格实行专款专用，提高资金使用效益

（一）案例描述

某市审计局在对中小学校管理人员与财务人员利用职务之便挪用专项资金案件整理分析中，发现以下四类具有代表性的典型案例，其共同点在于单位领导在组织中拥有绝对的权威，其领导权力得不到有效的监督和制约，同时未建立不相容岗位分离制度，相关人员直接管理经手专项资金，具有便利的犯罪条件。案例中出现的所有相关人员根据情节严重情况均已受到刑事或行政处罚。

事例一：某乡村中学在2019年年初收到一笔来自财政的农村义务教育薄弱校改造项目拨款，学校在项目预算申请可研报告中明确写明该笔经费将用于校舍建设、食堂改造等方向。但后来在校长的指示下，相关财务人员将不属于农村义务教育薄弱学校改造计划的中央专项资金使用范围的其他工程材料款、劳务费、差旅费等合计5.12万元在该项目经费中支出。

事例二：某校2019年12月在校长默许下擅自改变一笔区教委拨款用于学校操场翻修的100万元专项资金用途，将此笔专项资金中的8万元用于弥补本校2019年度的财政拨款公用经费缺口；同时校长为掩人耳目，指使相关财务人员与后勤人员与项目实施单位串通，采取到税务部门报税开具工程项

目发票的方式,将套取的操场翻修项目资金中的 40 万元用于学生宿舍加固项目。

事例三:某高中自 2015 年起即拖欠教师工资补贴,截至 2020 年 1 月 20 日,共计拖欠教师绩效工资、生活补贴、五险一金等费用 47961 万元,此举在 2015—2020 年陆续遭到部分教师举报。在校长同意下,财务人员挪用 2020 年上级拨付的教育专项经费 34194 万元用于贴补教师绩效工资,但剩余资金缺口仍较大。

事例四:2018 年 9 月,某校三名行政人员在校长不知情的情况下,贪污约 9 万元贫困寄宿学生补助。2015 年秋季和 2016 年春季两个学期,财务主管刘某提议并经校办人员樊某和匡某同意,采取虚报贫困寄宿生名额、虚列学生名字的方式,以学校名义,每学期套取 50 名贫困寄宿生生活补助,2016 年春季还重复虚报 49 名贫困寄宿生生活补助(实际成功发放 43 名),共计侵吞 143 人次贫困寄宿生生活补助 8.9375 万元。

(二)案例分析

本案例中的四所学校均违规使用了专项资金,分别属于挪用、套取、挤占、贪污专项经费,违背了国家财政对行政事业单位专项资金管理的要求,这四类现象产生的原因如出一辙(见图 4-4):一是部分专项经费的用途定义不清,部分经费带有业务费或补偿经费的性质,具体使用方向难以界定;二是专项资金来源渠道众多,管理难度加大,统一的管理机制尚未建立,监管缺位;三是中小学校内部资金管理制度不健全,资金使用管理粗放,专款专用意识不强。

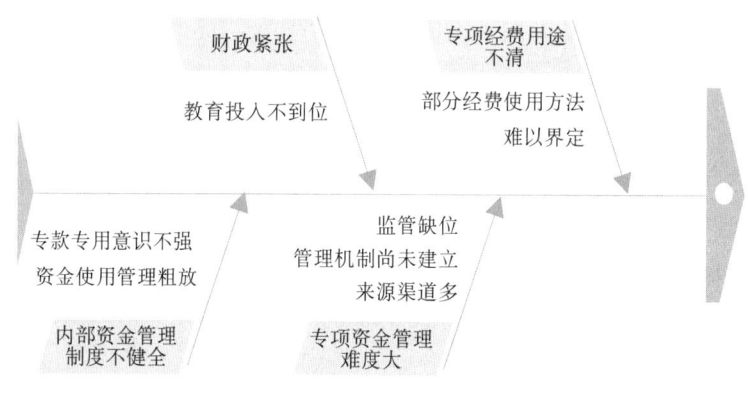

图 4-4 原因分析

（三）规范措施

为规范学校各类专项资金管理，提高资金使用效益，保证各类项目顺利实施，促进学校事业发展，根据国家政策法规与《行政事业单位内部控制规范（试行）》等条例规定，结合学校实际情况应采取以下规范措施：

首先，学校应当建立完善的财政专项资金管理体系，专项资金管理遵循统筹规划、依规设立、规范管理、专款专用、权责明晰的原则。其次，学校各类专项资金应实行归口职能部门管理。负责部门应主动与项目单位、资金使用部门进行沟通，及时梳理、检查本部门管理的专项资金，掌握执行进度情况。同时，应加强全校层面的专项资金管理培训，要求相关资金使用及管理人员熟悉专项资金管理使用流程，明确专项资金使用期限、报账范围、使用要求等。在学校层面重点严格落实专账管理，将大额项目、重点项目的"专项"管理和日常管理有机结合，重点关注管理中存在的问题，分析其原因，跟踪使用情况和支出进度等。

（四）相关拓展

1.《国务院办公厅关于进一步调整优化结构提高教育经费使用效益的意见》（国办发〔2018〕82号）

（七）不断提高教师队伍建设保障水平。各级人民政府要将教师队伍建设作为教育投入重点予以优先保障，财政教育经费要优先保障中小学教职工工资发放。

（十二）全面改进管理方式。科学管理使用教育经费，加强预算执行事中监控，硬化预算执行约束，从严控制预算调剂事项。

2.《中共中央 国务院关于深化教育教学改革全面提高义务教育质量的意见》（2019年6月23日）

14.要依法保障教师权益和待遇……落实乡村教师乡镇工作补贴、集中连片特困地区生活补助和艰苦边远地区津贴等政策。

3.《中华人民共和国社会保险法》（2018年修正）

第六十条 用人单位应当自行申报、按时足额缴纳社会保险费，非因不可抗力等法定事由不得缓缴、减免；社会保险基金专款专用，任何组织和个人不得侵占或者挪用。

4.《住房公积金管理条例》(2019年修订)

第二十条　单位应当按时、足额缴存住房公积金,不得逾期缴存或者少缴。

5.《中小学校财务制度》(财教〔2022〕159号)

第三十二条　……中小学校应当加强支出管理,基本支出、项目支出不得混用,公用经费、人员经费不得混用。项目支出应当按照规定专款专用,不得挤占和挪用。

案例4-4：规范绩效奖励管理，防止滥发津贴补贴

(一)案例描述

为进一步严明纪律、严格要求，营造风清气正的节日氛围，某省教育厅纪委在春节到来之前对四起违规发放津贴补贴典型案例进行了通报，以示警醒。

事例一：2019—2021年，某中学在经营支出中违规列支在职老师工资共计500万元，其中包含校领导个人绩效奖励40万元。2021年在其他应付款中违规列支学校高三老师课时费55万元。2021年9月，该中学校长沈某受到行政处罚，违规发放的奖励性绩效奖金已收缴。

事例二：2018—2020年，某小学财务主管领导将当年底剩余的绩效工资额度以"专项奖励"名义发放给11名行政领导，共计35万元。2021年9月，相关财务人员均受到行政处罚，违规发放的奖励性绩效奖金已收缴。

事例三：2019年，某中学在"科技创新"专项经费中支付本校10名在职教师指导劳务费，涉及金额1.2万元，并以现金形式直接向教师发放学习资料费，涉及金额共计3000元。2021年9月，相关领导及财务人员均受到行政处罚，违规发放的劳务费与学习资料费已被成功追回。

事例四：某学校在2020年成立了教育发展基金会，经检查办公会议纪要发现，该基金会向学校200名工作人员提供元宵节过节费，标准为每人1000元，款项由基金会按照学校提供的发放名单直接汇入个人账户。2022年1月，相关基金会领导受到行政处罚。

(二)案例分析

考虑到我国区域发展不平衡，地区之间经济发展水平、居民收入水平差

异较大。国家允许各地根据本地经济发展、财力状况调整津贴补贴。但由于相关规定不明确，某些环节缺乏有效监督，一些单位津贴补贴发放逐渐失序，在国家统一工资政策外普遍自行设定津贴补贴，名目繁多，资金来源不规范，水平相互攀升，违反了国家财经纪律，导致收入分配不公，影响了良好的社会风气。

以上通报的四类行为均属于在核定的绩效工资总量外，自行发放津贴补贴或奖金的违规违纪行为。其中多数行为是由于学校领导、人事、财务人员对工资发放相关法律法规和支出标准学习认识不够，以及专项、人员、公用经费界定不清晰等造成的列支错误；还有少部分则是对国家相关政策法规的漠视，意图投机取巧、钻制度的漏洞，存在侥幸心理。

（三）规范措施

按照现行政策，教师实行岗位绩效工资制度。教师工资由岗位工资、薪级工资、绩效工资和津贴补贴四部分组成（见图4-5）。绩效工资分为基础性和奖励性两部分。基础性绩效工资主要体现地区经济发展水平、物价水平、岗位职责等因素，奖励性绩效工资主要体现工作量和实际贡献等因素，在考核的基础上，由学校确定分配方式和办法。在实行绩效工资的学校，在核定的绩效工资总量外自行发放任何津贴补贴或奖金都是违规行为。

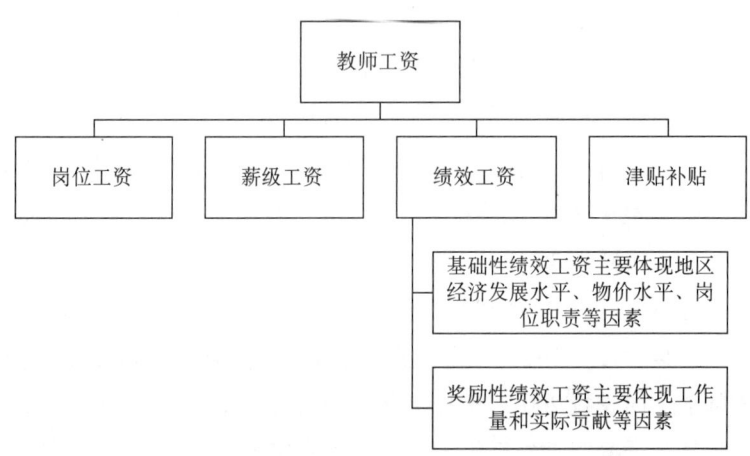

图4-5 教师工资制度

学校应严格遵守《违规发放津贴补贴行为处分规定》，除岗位工资、薪级工资及国家规定允许的特殊岗位津贴和改革性补贴外，在职人员发放的各类津贴补贴（包括劳务费、评审费等各类人员支出）一律纳入绩效工资范畴管理，计入绩效工资总量。

同时，从职能部门管理的学校经费中发放津贴补贴，须根据上级部门或学校出台的相应发放办法和当年度财务预算，不得超范围、超标准发放。津贴补贴发放须实事求是，名称规范。

（四）相关拓展

《人事部 财政部关于统一确保机关事业单位职工工资发放项目的通知》（人发〔2002〕7号）

第五条 各地区在发放中央统一规定的工资和津贴、补贴过程中，应严格按照国家有关文件规定，认真核定享受中央统一工资政策的人员范围和具体标准，不得擅自扩大范围，提高标准。

案例4-5：规范支出范围管理，严控经费支出标准

（一）案例描述

在某次审计中发现，某学校在2014—2015年频繁地假借办公、参会等名义报销各类与之无关的费用，擅自扩大支出范围、提高开支标准，擅自改变预算规定的支出用途使用资金。上级单位对相关责任人予以行政处罚并提出了一系列整改建议。

审计发现该学校存在长期以购买办公用品、参加会议培训为由报销个人费用等情况，如2014年11月28日财务人员记账凭证中显示某部门支出办公费2000元，但关联发票的开具单位为某经销部，其主营业务为家具销售，与办公用品无关。11月29日又在会议费中列支交通、办公用品、茶叶茶具等费用共计18万元。2015年12月，该校副校长曹某提议，并经过分管财务副校长梁某审批，以虚开购买牛奶发票的方式，采购五粮液白酒1件（1件6瓶，每瓶975元共5850元），采购资金从食堂账户中列支。2018年1月29日，某单位两名同志前往该校调研，调研结束后该校在食堂包厢安排了接待用餐，校班子成员以及校基建办主任、行政科科长，市司法局两名工作人员共8人陪同用餐，并使用公款购买的五粮液白酒两瓶。

（二）案例分析

本案例中，学校未坚持"先有预算，后有支出"的原则，未严格按照预

算批复执行,擅自扩大支出范围,提高开支标准,违反公务接待规定,擅自改变预算规定的支出用途使用资金,影响了资金的使用效益。

此类问题究其原因(见图4-6),一是内部控制不健全,有些学校和单位领导依法行政、依法理财意识淡薄,部门之间人情关系及权利利益的驱使助长了问题的发生,扰乱了财政资金管理秩序;二是对这类问题的整改缺乏有效监督措施,落实不到位;三是个别学校的结转结余资金在编制年度预算时未列入统筹安排,特别是对结转结余资金较多的学校,在编制下一年度单位预算时未全面、充分结合实际需求予以安排,实际执行中被动扩大开支范围。

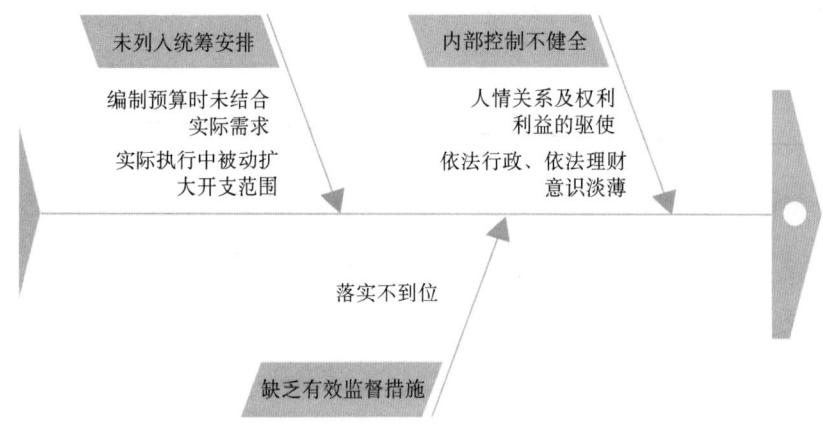

图4-6 原因分析

(三) 规范措施

结合学校实际情况,一是应加强财政资金归口管理,建立和完善结余结转资金管理制度。各学校应研究完善本级各部门结余结转资金管理制度,建立结余结转资金管理与预算编制相衔接的激励约束机制;二是要加大内部监督力度,对于问题突出的支出领域实行专项审计或审计调查,开展重点整治,依法从严处理;三是需建立违规行为责任追究制度,以增强学校领导管理好、分配好、使用好财政资金的责任意识。打好"铁算盘",过好"紧日子"(见图4-7)。

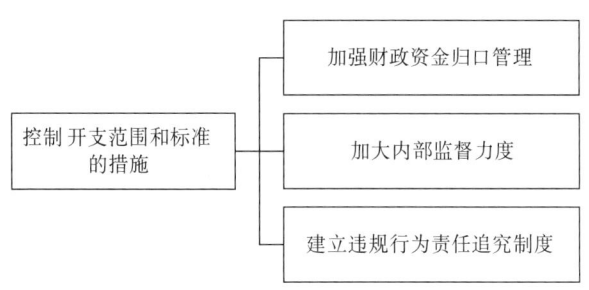

图4-7 控制开支范围和标准的措施

（四）相关拓展

1.《中华人民共和国预算法实施条例》（2020年修订）（中华人民共和国国务院令第729号）

第三十八条 各级政府、各部门、各单位应当加强对预算支出的管理，严格执行预算和财政制度，不得擅自扩大支出范围、提高开支标准；严格按照预算规定的支出用途使用资金；建立健全财务制度和会计核算体系，按照标准考核、监督，提高资金使用效益。

2.《事业单位财务规则》（2022年修订）（中华人民共和国财政部令第108号）

第十九条 事业单位的支出应当严格执行国家有关财务相关制度规定的开支范围及开支标准。

3.《财政违法行为处罚处分条例》（中华人民共和国国务院令第427号）

第六条 ……（四）违反规定扩大开支范围，提高开支标准。

4.《中小学校财务制度》（财教〔2022〕159号）

第三十二条 中小学校支出应当坚持厉行节约，严格执行国家有关财务规章制度规定的开支范围及开支标准；国家有关财务规章制度没有统一规定的，由学校结合本校情况规定，报主管部门和财政部门备案。学校规定违反法律制度和国家政策的，主管部门和财政部门应当责令改正。

案例4-6：谨防虚列支出现象，严禁私设"小金库"

（一）案例描述

《中华人民共和国监察法实施条例》规定了监察机关有权管辖的各类职务犯罪罪名清单，它既是检察机关调查职务犯罪的责任清单，也是对公职人员尤其是领导干部履行职责的底线要求和负面清单，该条例中一项罪名为"私分国有财产罪"，指通过套取项目款私设"小金库"发奖金等行为。某市一重点中学校长曾因私分国有财产罪被判处有期徒刑一年六个月，其他相关人员均被判处有期徒刑一年，并处罚金3万元。

该案件背景如下：该校刘某某于2002年至2015年间，利用担任某学校某项目团队财务人员的职务便利，在负责项目团队经费报销的过程中，冒用同项目其他人员姓名伪造报销凭证、虚列项目开支，13年间共计骗取财政经费1340万余元，在校长不知情的情况下将此笔巨额经费据为己有。同一时间，李某作为某学校教师，在其负责某信息化项目的过程中，在校长的同意下利用其作为项目负责人的职务便利，采取虚开发票报销套现等手段，将专项科研经费共计200万余元用于校长个人日常消费以及发放相关人员酬金等用途，错误地认为只要人人都分一杯羹，私分国有资产的事就不会被举报。而当东窗事发后，三人都主动交代了犯罪事实，无奈为时已晚。

（二）案例分析

学校"小金库"危害大、影响坏，不仅严重干扰正常的财经管理秩序，损害国家和人民群众的利益，而且助长铺张浪费、奢靡享乐的歪风邪气，诱发和滋生各种腐败现象。上述案例出现的原因（见图4-8），一是学校相关人员法纪意识淡薄，无视国家财经法规，截留收入，虚报支出以满足个人私欲，造成国家和学校资金流失。二是案例中出现的违规违纪问题，反映了学校内部管理机制不健全，在重大经济支出事项管理方面存在漏洞，监管工作失之于宽、失之于软，制度执行不到位。三是监督乏力，惩罚力度不够。部分学校对本单位的经济管理行为缺乏监督制约机制；在日常的财务检查中，对查处出来的问题，学校和责任人没有得到应有的追究和处理，助长了财经违规违纪行为的滋长，弱化了监督检查的威慑力量。

（三）规范措施

中小学校应始终秉持对"小金库"零容忍的态度，建议学校：一是加强警示教育，多形式、多渠道、多层次、多角度强化宣传教育，使虚列支出私设"小金库"违纪、违法、易诱发职务犯罪的观念深入人心。通过多方位的教育，警钟长鸣，从思想深处筑牢拒腐防变的堤坝，切实提高学校干部职工的法制意识。二是强化支出监管，持续完善学校支出管理相关制度，严格执

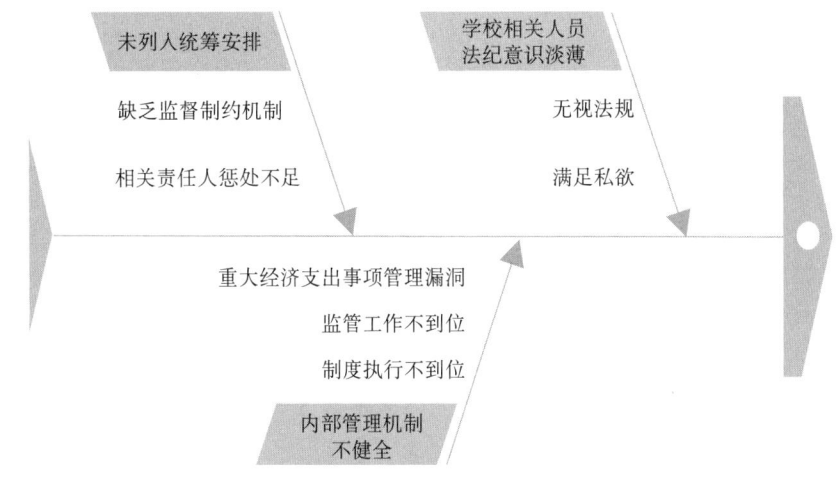

图 4-8 原因分析

行国库集中支付制度、公务卡制度、"收支两条线"管理,强化校内资金运行跟踪问效。同时要严格发票审核。认真清理假发票,杜绝虚假经济业务发生,防止虚列支出套取资金私设"小金库"。三是要加大查处力度,校内财务、审计、监察部门要形成合力,常抓不懈。要着力完善校内规章办法,对虚列支出私设"小金库"的行为进行准确界定,对惯常操作进行深度剖析,对防范和监控措施进行精细设计,对违法违规案例进行公开示警,使虚列支出私设"小金库"真正成为一个"禁区",一道"高压线",保护国家和学校利益不受侵害(见图 4-9)。

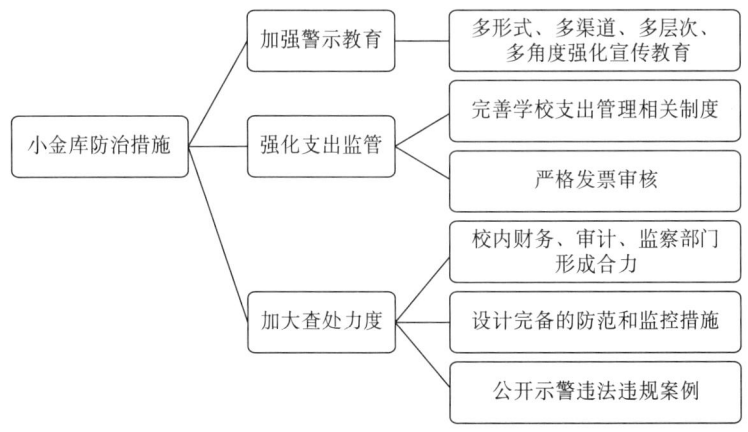

图 4-9 小金库防治措施

（四）相关拓展

1.《财政违法行为处罚处分条例》（中华人民共和国国务院令第 427 号）

第十七条　单位和个人违反财务管理的规定，私存私放财政资金或者其他公款的，责令改正，调整有关会计账目，追回私存私放的资金，没收违法所得。

2.《中小学校财务制度》（财教〔2022〕159 号）

第三十六条　中小学校各项支出应当按照实际发生数列支，不得虚列虚报，不得以计划数和预算数代替。

第三十八条　中小学校应当依法加强各类票据管理，确保票据来源合法、内容真实、使用正确，不得使用虚假票据。

案例 4-7：强化往来资金管理，提升资金资产效益

（一）案例描述

在某次审计中发现，某地一县级中学 2016 年至 2018 年间，在往来款项挂账、闲置仪器利用、专项资金项目规划等经费支出效益管理方面均存在较严重的问题，上级单位对相关责任人予以行政处罚并提出了一系列整改建议。

2016 年，该校其他资金结转结余科目的年初余额为 2482 万元，期末余额为 2587 万元，反映在账面上的主要原因为 2009 年以来的暂收、应付账款等往来款项长期挂账，后经财务人员反馈，学校历年来对往来款的管理无明确要求，年份跨度大的款项难以进行核对，导致无法及时清理，科目余额逐年"滚雪球"形成恶性循环，最终形成死账，造成部分国有资产流失。

2017 年 10 月，某教研组组长在财务人员协助下编制了合情合理的年度预算与资产配置计划，并购买了价值 2.2 万元的实验室用检测仪器，但在购买后却闲置至今。经审计人员查问，造成闲置的主要原因是相关教师未经系统培训，不会安全使用该仪器，故一直闲置在学校仓库内，同时在该仓库内还意外发现了类似的仪器和设备 20 余件。

2017 年年末，学校申报了 2018 年农村中小学校舍维修改造专项基金项目，在项目预算申请可研报告中明确写明该笔经费将仅用于校舍修缮所涵盖的教学楼墙贴裂痕维修、更换宿舍楼屋门，更换教学楼顶楼防水材料三项用

途。但由于学校校舍修缮计划临时调整,项目组相关人员便理所应当地使用此笔基金进行校舍改扩建,建成后由于当地招生政策逐步收紧,该学校招生人数骤减,建成后的新校舍使用率不足50%。

2018年6月,该校在当年追加申报的旧食堂维修资金到位后,校长却擅自改变原有规划,放弃维修旧食堂,而是选择在新址新建学生食堂,但因无后续资金购买厨房炊事用具,新食堂一直闲置未用。

(二) 案例分析

近年来,在经济责任审计、部门预算执行审计过程中均披露了中小学校往来款项挂账、资产闲置等经费支出效益低下案例。以此中学为典型案例进行详细分析,以点概面,反映出以下几点共性问题(见图4-10):一是学校往来款项管理不善,未能及时清理,导致资金存量消化过慢,造成资金沉淀和流失。二是学校对于仪器设备使用未及时进行培训,未能做到物尽其用,对于闲置仪器未能及时上报统筹使用,资产使用效益低下,造成浪费。三是项目实施学校及教育主管部门在项目立项申报规划中没有充分评估学生资源、教学资源以及经济发展状况,项目没有做到科学规划、合理立项,而是一味地以争取资金为目的申报立项,最终导致专项资金使用用途改变或项目盲目建设、重复建设、超标准建设等,使教育资金不能用在刀刃上,不能切实发挥使用效益。

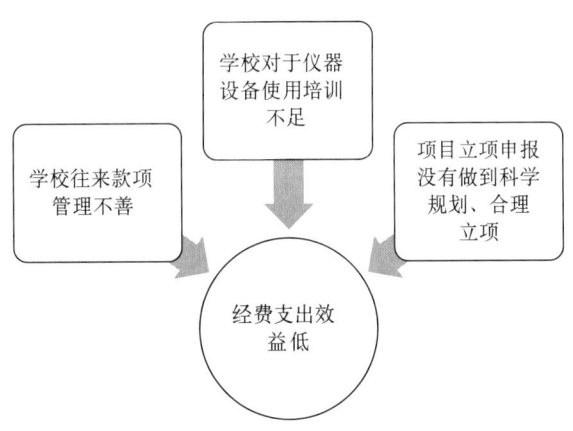

图4-10 经费支出效益低原因分析

往来款项挂账问题不仅影响会计信息的准确性和真实性,而且其中还可能隐藏着挪用公款、违规出借资金、拖欠其他单位账款等问题,既可能造成国有资产流失,学校与个人也将面临巨大的违法违纪风险。

(三) 规范措施

为落实国家严肃财经纪律,严格中央部门预算管理,提高教育经费使用效益的政策意见,避免国家财政资金与国有资产的流失,杜绝会计失真现象,从而避免腐败滋生。一是应当认真核查往来款项。逐笔逐项分析,尤其是对账龄长、余额大,或余额不大但往来频繁的非正常项目要具体分析,对有争议的债权、债务要认真清理、查证、核实,明确债权关系。二是要及时清理。要在核准数字、弄清情况、查明原因、分清责任、取得证据的基础上,做到该收回的收回,该付出的付出,该列支的列支,该核销的按规定程序报经有关部门批准后予以核销,并进行账务调整。三是要增强意识。对长期挂账资金,学校领导应高度重视,组织人员清理,对确实无法收回的呆账、死账,依照国家现行财务会计制度和清产核资有关规定进行处理。四是在编制年度预算、资产配置计划时,应充分考虑资产购置的必要性、合理性,做到"无必要,不预算,不支出"。此外,应加强固定资产日常管理,做到物尽其用,对于长期闲置的固定资产应该及时上报,统一调配使用,避免造成资产闲置和浪费。五是学校在申报专项资金时,应当全面评估现实需要,基于客观需求合理申报专项资金。在取得预算资金后,应当严格执行专项资金管理办法,做到专款专用,不得擅自改变资金用途,扩大开支范围。基建项目完工后应做好配套工作,房屋设施达到可使用状态后应及时投入使用(见图4-11)。

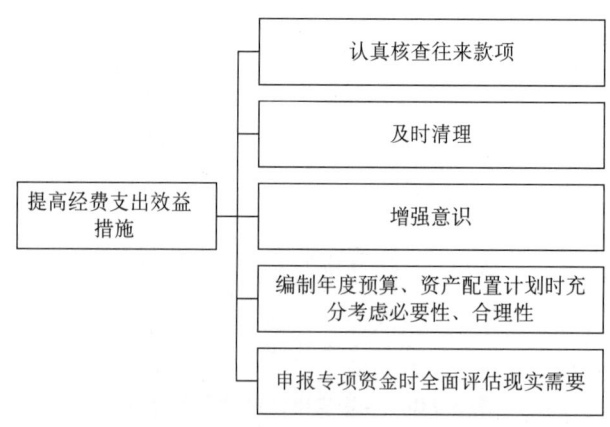

图4-11 提高经费支出效益措施

（四）相关拓展

1.《财政部关于全面严肃财经纪律 严格中央部门预算管理的通知》（财预〔2016〕126号）

切实优化预算支出结构……加快消化存量资金，将结余资金交回财政统筹使用，继续结转使用的资金要加快执行进度，抓好跟踪分析，防止形成新的沉淀。

2.《国务院办公厅关于进一步调整优化结构提高教育经费使用效益的意见》（国办发〔2018〕82号）

指导思想：……改革完善教育经费投入使用管理体制机制，以调整优化结构为主线，突出抓重点、补短板、强弱项，着力解决教育发展不平衡不充分问题，切实提高教育资源配置效率和使用效益，促进公平而有质量的教育发展。

3.《中小学校财务制度》（财教〔2022〕159号）

第六十四条　中小学校应当对不同性质的负债分类管理，及时清理并按照规定办理结算，保证各项负债在规定期限内偿还。

案例4-8：严格规范现金管理，落实国库支付制度

（一）案例描述

经审计发现，在2015年至2016年间，某学校存在违规使用现金进行结算的现象。2015年9月1日，某语文教师以现金支付某高校文学素养课程培训费3960元，9月4日又以现金支付该课程培训所需机票酒店等差旅费共计11082元。报销时财务人员对此错误行为进行了提醒，但该语文教师误解为需要经过校长进行审批即可使用现金结算，于是在2016年2月又以现金支付接待费1589元与印刷费3500元，在获得校长签字后要求财务人员进行报销。

（二）案例分析

本案例存在的主要问题如下：一是学校公务卡政策宣传不到位，教师误认为获取校长签字审批就可使用现金结算公务差旅、培训费等支出；二是校长对公务卡政策认识不足，未认识到现金支付的风险，制度约束意识不强，有章不循；三是学校财务部门对公务卡使用监督力度不够，未对语文教师第一次使用现金结算进行严肃批评或拒绝报销，也未借此机会宣传公务卡使用的相关规定（见图4-12）。

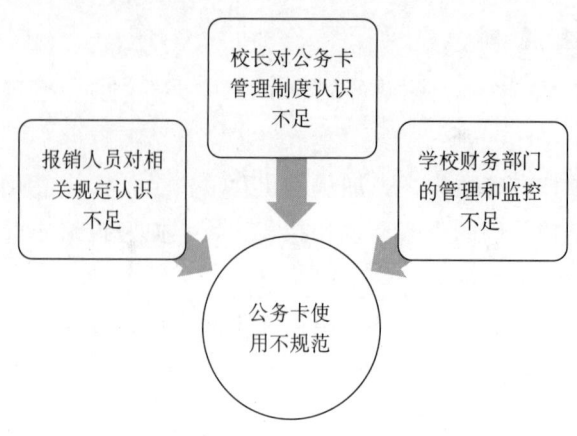

图 4-12　公务卡使用不规范原因分析

（三）规范措施

根据《党政机关厉行节约反对浪费条例》与《中央预算单位公务卡管理暂行办法》中对于使用公务卡进行公务差旅、会议费、培训费等经费支出的要求，一是应当严格公务卡结算报销管理，严格落实国库集中支付相关规定。规范和完善公务卡结算和报销程序，堵塞管理漏洞，引导和督促正确使用公务卡进行线下刷卡支付和线上网络支付，形成主动自觉用卡的氛围。二是应加强监督和管理。通过财政管理大平台完善对公务支出和报销的动态监控预警功能，及时纠偏公务消费中的不当支付，切实发挥监管作用，防范违规风险。三是应着力于实现公务卡结算对学校所有在职人员、规定支出项目的全覆盖，及时办理申领和注销手续，并维护到公务卡应用支持系统。教育作为财政支出的重点领域，为提升公务支出透明度，加强财政财务监管力度，规范公务支出管理，发挥财政"防腐剂"作用，中小学规范预算单位公务卡使用管理刻不容缓（见图 4-13）。

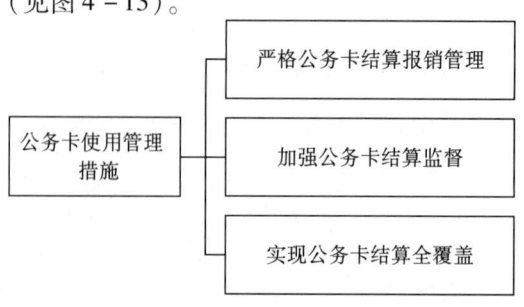

图 4-13　公务卡使用管理措施

(四) 相关拓展

1.《党政机关厉行节约反对浪费条例》(中发〔2013〕13号)

第十一条 全面实行公务卡制度。健全公务卡强制结算目录,党政机关国内发生的公务差旅费、公务接待费、公务用车购置及运行费、会议费、培训费等经费支出,除按规定实行财政直接支付或者银行转账外,应当使用公务卡结算。

2.《中央预算单位公务卡管理暂行办法》(财库〔2007〕63号)

第十七条 对于差旅、会议、购买等公务支出,使用公务卡结算的,应在公务卡信用额度内,先通过公务卡结算,并须取得发票等财务报销凭证和有关银行卡消费凭证。持卡人所在单位财务部门对于公务支出有事前审批要求的,持卡人应事先按要求履行相关审批手续。

第五章 采购管理

第一节 基本常识及常见问题简述

中小学校作为政府采购的重要主体，具有采购需求独特、采购品目繁杂、专业性强等特点。

一、中小学校政府采购基本知识

中小学校政府采购，是指中小学校使用财政性资金采购依法制定的集中采购目录以内的或者采购限额标准以上的货物、工程和服务的行为。中小学校采购的对象包括工程、货物、服务三大类。采购范围涉及基建工程、仪器设备、图书教材、印刷出版、教学软件、办公设备、家具、生活用品、后勤服务、物业管理、材料等诸多领域。

政府采购采用的方式包括公开招标、邀请招标、竞争性谈判、单一来源采购、询价和国务院政府采购监督管理部门认定的其他采购方式。公开招标应作为中小学校政府采购的主要采购方式。

在一些特定的条件下可以采用其他四种采购方式，如表 5-1 所示。

表 5-1   特定条件下的政府采购方式

采购方式	需要满足的条件
邀请招标	1. 具有特殊性，只能从有限范围的供应商处采购的； 2. 采用公开招标方式的费用占政府采购项目总价值的比例过大的

续表

采购方式	需要满足的条件
竞争性谈判	1. 招标后没有供应商投标或者没有合格标的或者重新招标未能成立的; 2. 技术复杂或者性质特殊,不能确定详细规格或者具体要求的; 3. 采用招标所需时间不能满足用户紧急需要的; 4. 不能事先计算出价格总额的
单一来源采购	1. 只能从唯一供应商处采购的; 2. 发生了不可预见的紧急情况不能从其他供应商处采购的; 3. 必须保证原有采购项目一致性或者服务配套的要求,需要继续从原供应商处添购,且添购资金总额不超过原合同采购金额10%的
询价	采购的货物规格、标准统一,现货货源充足且价格变化幅度小的政府采购项目

二、中小学校政府采购的管理重点

政府采购是一项政策性强、程序复杂、风险大的工作,直接影响到学校工程、大宗物资、教学办公设备、对内服务的采购,也关系到学校经费支出的合规合法。中小学校长应该了解《中华人民共和国政府采购法》及其实施条例等相关法律法规,完善学校政府采购制度,梳理采购流程,规范采购程序,明确采购责任,逐步形成校内依法合规、运转高效、风险可控的政府采购内部控制制度,力争做到高效利用好采购资金,达到采购效率高、采购成本低、采购质量好的效果。

三、中小学校政府采购常见问题

中小学校政府采购工作存在一些问题和风险点,如未按照预算和计划组织政府采购业务;未按规定选择采购方式;采用"化整为零"的方式规避公开采购;在采购过程中的串标行为;未按照规定组织政府采购活动和执行验收程序;未按照规定保存政府采购业务相关档案等(见图5-1)。

因此,如何针对采购风险点采取有效措施,加强内部管控,进一步规范中小学校政府采购行为,提高风险防范能力,对于推动中小学校内部科学化管理、合理使用资金、促进反腐倡廉、推动中小学校高质量发展具有重大意义。

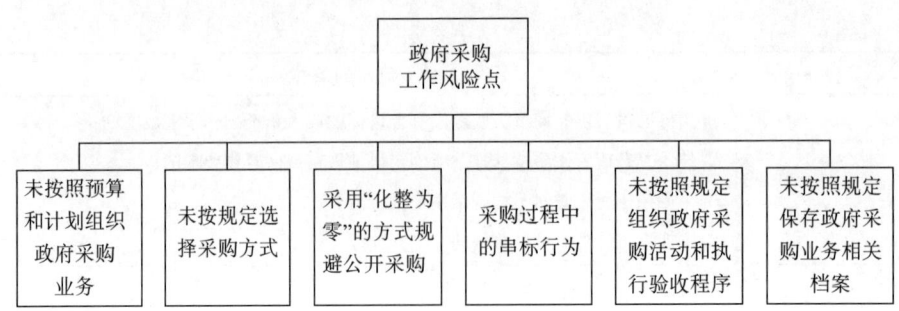

图 5−1　政府采购工作风险点

第二节　相关案例

案例 5−1：做好年度采购计划，加强采购预算管理

（一）案例描述

某中学为加大学校宣传力度，拟采购 LED 显示屏以及摄像机、补光灯、轨道车等视频录制设备，预计支出 110 万元。学校在履行采购申请审批程序时，被上级采购管理部门以"无该项目的预算"为由退回。

（二）案例分析

本案例中，该学校政府采购预算管理较为薄弱，预算法治观念淡薄，对政府采购预算的地位和作用认识不到位。《中华人民共和国政府采购法》明确了采购预算作为部门预算的重要组成部分，有固定的审批程序，经人大批准的采购预算具有法律效力，对采购活动约束力强，在执行中不得突破。该学校未坚持"无预算不采购、无计划不采购"的原则随意提请上级单位审批，也体现出学校领导及相关工作人员对政府采购政策要求、业务流程、审批程序等熟悉程度不够，理论指导实践作用不强。

（三）规范措施

一是要着力优化采购理念。从强化预算法制观念入手，让学校校长接受"法治采购、效能采购""无预算不采购、无计划不采购"理念，引起校长的重视，做好政府采购预算的编制工作。二是要着力统筹协调编制。应将政府采购预算与学校单位整体预算统筹协同，同步编制政府采购预算，使"预算、采购、支出相互衔接、统筹协调"。三是要着力确保科学编制。学校采购人员和需求人员应当协调配合，在充分满足学校工作需求的基础上，"量体裁衣，不留缺口"，做细做实采购预算编制，尽可能把支出需求"打足、打全、打准"。四是要着力编细采购预算。学校在编制政府采购预算时，应按照政府采购集中采购目录及限额标准，将采购项目名称、规格、质量、数量、单价、总价、资金类型、资金来源等相关信息全部纳入采购预算编制内容，提高政府采购预算编制准确性（见图5-2）。

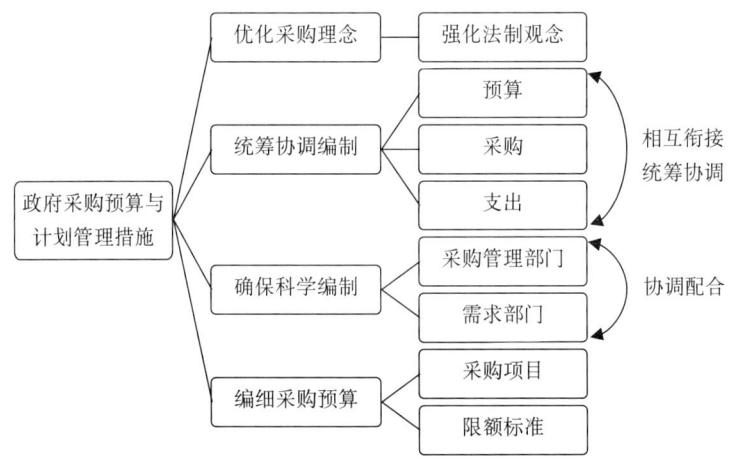

图5-2 政府采购预算与计划管理措施

（四）相关拓展

1.《中华人民共和国政府采购法》（2014年修正）

第六条 政府采购应当严格按照批准的预算执行。

第三十三条 负有编制部门预算职责的部门在编制下一财政年度部门预算时，应当将该财政年度政府采购的项目及资金预算列出，报本级财政部门汇总。部门预算的审批，按预算管理权限和程序进行。

2.《行政事业单位内部控制规范（试行）》（财会〔2012〕21号）

第三十四条 单位应当加强对政府采购业务预算与计划的管理。建立预算编制、政府采购和资产管理等部门或岗位之间的沟通协调机制。根据本单位实际需求和相关标准编制政府采购预算，按照已批复的预算安排政府采购计划。

案例5-2：准确掌握政采规定，严格执行采购程序

（一）案例描述

在审计中发现，某中学办公楼扩建项目金额为100万元，没有招投标手续，当地的政府采购限额标准为50万元。该中学会计解释，该项目有支出预算，虽然超出政府采购限额标准，但不属于集中采购目录范围，校长决定直接委托某建筑安装工程公司承接这项工程。经查，这家建筑公司的法人代表是该中学校长的亲属。

（二）案例分析

本案例中，该项办公楼扩建工程不符合采用单一来源方式进行政府采购的条件，违反了《中华人民共和国政府采购法》中关于单一来源采购的规定。同时，校长直接指定其亲属的公司承接学校的工程，违反了"在政府采购活动中，采购人员及相关人员与供应商有利害关系的，必须回避。"的规定。

（三）规范措施

学校应加大政府采购政策宣传力度，认真组织学习《中华人民共和国政府采购法》及其相关实施条例。进一步梳理学校采购内容，以"分事行权、分岗设权、分级授权"为主线，通过制定制度、健全机制、完善措施、规范流程，逐步形成依法合规、运转高效、风险可控、问责严格的政府采购内部运转和管控制度，做到约束机制健全、权力运行规范、风险控制有力、监督问责到位，实现对采购活动内部权力运行的有效约束（见图5-3）。

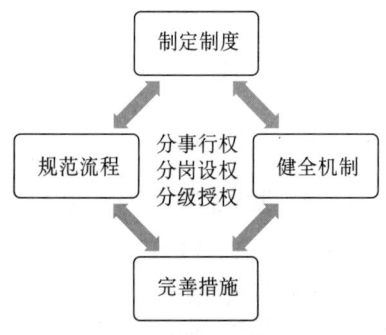

图5-3 加强采购管理措施

(四) 相关拓展

《中华人民共和国政府采购法》（2014 年修正）

第三十一条　符合下列情形之一的货物或者服务，可以依照本法采用单一来源方式采购：（一）只能从唯一供应商采购的；（二）发生了不可预见的紧急情况不能从其他供应商处采购的；（三）必须保证原有采购项目一致性或者服务配套的要求，需要继续从原供应商处添购，且添购资金总额不超过原合同采购金额 10% 的。

案例 5-3：警惕"化整为零"行为，严防规避公开招标

(一) 案例描述

在审计中发现，某中学在一个月中连续自行采购了四批同样的实验设备，金额均为 20 万元。通过查阅该项采购的预算发现，学校本年采购一批价值为 80 万元的实验设备。当地政府采购公开招标的限额标准为 30 万元。该学校校长为避免公开招标采购的繁琐手续，决定把该批设备分成四批，每批 20 万元自行采购。

(二) 案例分析

化整为零规避公开招标，是指除项目预算调整或经批准采用公开招标以外方式采购的，在一个财政年度内，采购人将一个预算项目下的同一品目或类别的货物、服务采用公开招标以外的方式多次采购，累计数额超过公开招标数额标准的行为。

本案例中，学校分批次采购同类实验设备规避公开招标，扰乱了市场秩序，为了谋取个人或小集体利益，将采购方与供应商之间合法合约、相互履行责任义务的制约关系转变为了灰色利益关系。在这种背景下，双方对合同履行、质量把关的责任约束可能降到最低，偷工减料，不执行合同约定行为的几率大大增加，甚至可能出现双方串通一气，掩盖问题的情况。

(三) 规范措施

建议学校秉持"公开透明、公平竞争、公正和诚实信用的原则"实施采购。学校应建立采购全过程监督管理机制，在采购实施过程中通过对同一品目或类别的货物、服务采购合并审查限额等方式落实"不得将应当以公开招标方式采购的货物或者服务化整为零或者以其他任何方式规避公开招标采购"

的管理要求，强化采购活动中的制度约束，保障学校采购工作合法合规。

（四）相关拓展

《中华人民共和国政府采购法》（2014年修正）

第二十八条　采购人不得将应当以公开招标方式采购的货物或者服务化整为零或者以其他任何方式规避公开招标采购。

第七十一条　采购人、采购代理机构有下列情形之一的，责令限期改正，给予警告，可以并处罚款，对直接负责的主管人员和其他直接责任人员，由其行政主管部门或者有关机关给予处分，并予通报。

案例 5-4：正确选择采购方式，规范单一来源采购

（一）案例描述

在审计中发现，某中学通过政府公开招标采购，向 A 公司采购了一批价值 100 万元的专用设备，一个月后，该中学需要为该批专用设备添购专门配套设施，经批复的预算为 20 万元，学校决定直接向 A 公司采购该批设备。

（二）案例分析

单一来源采购也称直接采购，是指采购人向唯一供应商进行采购的方式。适用于达到限购标准和公开招标数额标准，但所购商品的来源渠道单一，或属专利、首次制造、合同追加、原有采购项目的后续扩充和发生了不可预见的紧急情况不能从其他供应商处采购等情况。该采购方式的最主要特点是没有竞争性。

本案例中，学校的这项添购资金金额超过了前一合同采购金额的 10%，违反了《中华人民共和国政府采购法》"必须保证原有采购项目一致性或者服务配套的要求，需要继续从原供应商处添购，且添购资金总额不超过原合同采购金额 10% 的"的规定，不符合单一来源采购方式。

（三）规范措施

学校应该加强采购、财务等与资金使用相关岗位的人员管理，通过准入管理、滚动培训等方式不断提高岗位人员素质，确保其熟练掌握《中华人民共和国政府采购法》《中小学校财务制度》《行政事业单位内部控制规范（试行）》等法律法规及制度规范。学校应通过分级分类审批、招采委员会等方式强化机制制衡，确保采购过程依法合规。

（四）相关拓展

《中华人民共和国政府采购法》（2014年修正）

第三十一条　符合下列情形之一的货物或者服务，可以依照本法采用单一来源方式采购：只能从唯一供应商处采购的；发生了不可预见的紧急情况不能从其他供应商处采购的；必须保证原有采购项目一致性或者服务配套的要求，需要继续从原供应商处添购，且添购资金总额不超过原合同采购金额10%的。

第三十九条　采取单一来源方式采购的，采购人与供应商应当遵循本法规定的原则，在保证采购项目质量和双方商定合理价格的基础上进行采购。

案例5-5：合理确定采购需求，保障采购公平竞争

（一）案例描述

某中学要采购一批教学仪器，在制定采购产品带★号的技术参数时，完全按照A公司的设备技术参数制定，把不是"理想"的、不熟悉的公司排斥在外。由于有了带倾向的技术指标，许多潜在的供应商没有兴趣参加，不合理的资格条件引发供应商的质疑和投诉，导致采购失败。

（二）案例分析

政府采购需求中的供应商资格条件设定是问题频发的薄弱环节，以不合理的资格条件对供应商实行差别待遇，必然引发供应商的质疑和投诉。本案例中，该中学的行为违反了《中华人民共和国政府采购法》中"采购人不得以不合理的条件对供应商实行差别待遇或者歧视待遇。"的规定。

（三）规范措施

学校应对采购需求和采购实施计划的合法性、合规性、合理性负责，应当在充分调研后，结合实际需要按照相关领域标准合理确定采购需求，不得在采购文件中设置歧视性条款。

（四）相关拓展

1. 《中华人民共和国招标投标法》（2017年修正）

第十八条　招标人可以根据招标项目本身的要求，在招标公告或者投标邀请书中，要求潜在投标人提供有关资质证明文件和业绩情况，并对潜在投

标人进行资格审查；国家对投标人的资格条件有规定的，依照其规定。招标人不得以不合理的条件限制或者排斥潜在投标人，不得对潜在投标人实行歧视待遇。

第五十一条　招标人以不合理的条件限制或者排斥潜在投标人的，对潜在投标人实行歧视待遇的，强制要求投标人组成联合体共同投标的，或者限制投标人之间竞争的，责令改正，可以处一万元以上五万元以下的罚款。

2.《关于印发〈政府采购需求管理办法〉的通知》（财库〔2021〕22号）

第九条　采购需求应当清楚明了、表述规范、含义准确。技术要求和商务要求应当客观，量化指标应当明确相应等次，有连续区间的按照区间划分等次。需由供应商提供设计方案、解决方案或者组织方案的采购项目，应当说明采购标的的功能、应用场景、目标等基本要求，并尽可能明确其中的客观、量化指标。

第十条　采购人可以在确定采购需求前，通过咨询、论证、问卷调查等方式开展需求调查，了解相关产业发展、市场供给、同类采购项目历史成交信息，可能涉及的运行维护、升级更新、备品备件、耗材等后续采购，以及其他相关情况。

案例5-6：谨防串标漏标行为，坚决维护招标秩序

（一）案例描述

某中学需要翻新操场，这项工程预算50万元，已按规定进行公开招标采购。招标过程中有A、B、C、D四家建筑公司参与招标，最后A公司以49.9万元的价格中标。C公司和D公司同时向财政部门举报A公司，怀疑A公司提前知道了该项目的标底。经财政部门查实，是该中学的校长把标底泄露给了A建筑公司，A公司是该校长的亲戚所开，最终A公司顺利中标。财政部门认定此次招标过程中存在串标行为，属于无效的招标。

（二）案例分析

本案例中，学校校长作为招标者伙同供应商串标，直接损害了其他投标人的合法权益，实质上是一种无序竞争、恶意竞争行为，扰乱了正常的招投标秩序，破坏了采购市场的正常管理和诚信环境，严重影响招投标的公正性和严肃性。

(三) 规范措施

一是让校长了解政府采购法规,明白法律法规中关于串标行为的处罚规定,对法律有敬畏之心,不敢做出违法的行为。二是学校要建立健全内部采购管理制度,完善招标程序,规范采购实施各个环节操作要求。

(四) 相关拓展

1.《中华人民共和国政府采购法》(2014年修正)

第七十二条 采购人、采购代理机构及其工作人员有下列情形之一,构成犯罪的,依法追究刑事责任;尚不构成犯罪的,处以罚款,有违法所得的,并处没收违法所得,属于国家机关工作人员的,依法给予行政处分:(一) 与供应商或者采购代理机构恶意串通的;……(四) 开标前泄露标底的。

2.《中华人民共和国招标投标法》(2017年修正)

第二十二条 招标人不得向他人透露已获取招标文件的潜在投标人的名称、数量以及可能影响公平竞争的有关招标投标的其他情况。招标人设有标底的,标底必须保密。

第三十二条 投标人不得与招标人串通投标,损害国家利益、社会公共利益或者他人的合法权益。

第五十二条 依法必须进行招标的项目的招标人向他人透露已获取招标文件的潜在投标人的名称、数量或者可能影响公平竞争的有关招标投标的其他情况的,或者泄露标底的,给予警告,可以并处一万元以上十万元以下的罚款;对单位直接负责的主管人员和其他直接责任人员依法给予处分;构成犯罪的,依法追究刑事责任。前款所列行为影响中标结果的,中标无效。

案例5-7:建立健全自采规则,防范自行采购风险

(一) 案例描述

事例一:某中学所在地的政府采购限额为10万元,学校需采购一批价值8万元的教具,总务处长认为本批货物可以自行采购,直接从其熟悉的供应商处采购。

事例二:某中学申报办公楼翻新装修项目预算并获批复。因该项目预算金额未达到政府采购限额标准,该校校长决定直接委托某建筑装修公司承接该项工程。经调查,此建筑装修公司的法人代表为校长亲属。

（二）案例分析

自行采购是政府采购的一种特殊组织形式，自行采购作为政府采购主体执行采购任务的组织形式，在实现采购人多样化、个性化采购需求的同时，还可以提高资金的利用效率。但自行采购也要接受法律法规的约束，也要走相应的采购程序。否则，自行采购会产生较大风险。本案例中，该中学"自行采购"的方式过于随意，容易滋生腐败现象。

（三）规范措施

自行采购可选择的采购方式有直接采购、比选、询比价、公开招标、邀请招标、竞争性谈判、单一来源采购。学校应当根据项目特点，依法选择采购方式，严格执行政府采购程序，妥善将采购文件归档，做到经得起监督部门的监督检查、经得起审计监督。

（四）相关拓展

《中华人民共和国政府采购法》（2014年修正）

第三十二条 采购的货物规格、标准统一、现货货源充足且价格变化幅度小的政府采购项目，可以依照本法采用询价方式采购。

第六章
资产管理

第一节 基本常识及常见问题简述

中小学校资产为学校教学工作持续性维系、教学水平的保持和提高以及教育事业的发展提供基本的物质保障。

一、中小学校资产管理基本知识

中小学校资产管理,是指中小学校通过建立健全资产管理制度,加强和规范资产配置、使用和处置管理,进而维护资产安全完整,提高资产使用效率的活动。

中小学校资产是中小学校依法直接支配的各类经济资源。主要包括流动资产、固定资产、在建工程、无形资产、对外投资、文物文化资产等,如表6-1所示。

表6-1　　　　　　　　　　中小学校资产分类

资产种类	名词解释	资产内容
流动资产	可以在一年以内变现或者耗用的资产	包括现金、各种存款、应收及预付款项、存货等
固定资产	使用期限超过一年,单位价值在1000元以上,并在使用过程中基本保持原有物质形态的资产。单位价值虽未达到规定标准,但是耐用时间在一年以上的大批同类物资,作为固定资产管理	包括房屋及构筑物,专用设备,通用设备,文物和陈列品,图书,档案,家具、用具、装具及动植物

续表

资产种类	名词解释	资产内容
在建工程	已经发生必要支出，但尚未达到交付使用状态的建设工程	包括尚未完工交付使用的各种建筑（包括新建、改建、扩建、修缮等）和设备安装工程
无形资产	不具有实物形态而能为使用者提供某种权利的资产	包括专利权、商标权、著作权、土地使用权、非专利技术以及其他财产权利
对外投资	非义务教育阶段学校依法利用货币资金、实物、无形资产等方式向其他单位的投资	包括货币资金、实物、无形资产等出资方式
文物文化资产	用于展览、教育或研究等目的的历史文物、艺术品以及其他具有文化或历史价值并作长期或永久保存的典藏等	包括文物、艺术品等

二、中小学校资产管理要求

1. 中小学校资产配置。中小学校资产配置要坚持科学规范、从严控制的原则，通过资产的调剂、购置、建设、租用、接受捐赠等方式，优化和充实学校资产存量，切实保障学校正常运转和事业发展需要。根据《行政事业性国有资产管理条例》（国务院令第738号）第十一条规定"各部门及其所属单位应当优先通过调剂方式配置资产。不能调剂的，可以采用购置、建设、租用等方式。"明确调剂作为优先配置方式。

2. 中小学校应当加强对本单位国有资产的管理，明确管理责任，规范使用流程，加强产权保护，推进相关资产安全有效使用。

3. 中小学校资产处置。主要指学校对其占有、使用的资产进行产权转让或者注销产权的行为，包括出售、出让、转让、对外捐赠、报废、报损以及货币性资产损失核销等。中小学校资产处置应当遵循公开、公平、公正和竞争、择优的原则，严格履行相关审批程序。中小学校资产处置收入应当按照国家有关规定，实行"收支两条线"管理。

4. 中小学校应遵守《中小学校财务制度》（财教〔2022〕159号）、《事业单位财务规则》（财政部令第108号）、《行政事业单位内部控制规范（试行)》和《行政事业性国有资产管理条例》(国务院令第738号)中对于资产管理的各项规定。如表6-2所示。

表6-2　　　　　　　　　资产管理关键点及规定

资产管理关键点	资产管理规定
建立健全资产管理制度	明确资产使用人和管理人的岗位责任,按照国家规定设立国有资产台账,合理设置岗位,明确相关岗位的职责权限,确保资产安全和有效使用
加强资金监督管理	按照国家有关规定开设基本存款账户和零余额账户
不相容岗位相互分离	实行货币资金管理岗位责任制,合理设置岗位,不得由一人办理货币资金业务的全过程
不得长期挂账	应收及预付款项应当及时清理结算
定期清查盘点资产	加强资产的实物管理,定期清查盘点资产,确保账实相符
明确审批权限和责任	明确资产的调剂、租借、对外投资、处置的程序、审批权限和责任。由单位领导班子集体研究决定并进行追踪管理

三、中小学校资产管理常见问题

长期以来,在中小学校资产管理中,部分中小学校只重视添置与完善教学设备,而忽视了资产的维护和管理工作,导致设备损坏得不到及时维修、固定资产浪费和流失、固定资产使用周期短等现象发生。在资产管理过程中,存在以下问题:

(1) 缺乏对固定资产登记、核算的规范化,未对资产进行定期清查盘点,造成账实不符情况处理不及时;

(2) 未按规定办理本单位国有资产配置、处置和对外投资、出租、出借和担保等事项的报批手续;

(3) 对资产的处置收入和出租、出借收入未按规定及时、足额上缴国库,存在截留、挪用和坐支的问题;

(4) 未对本单位的资产进行有效利用,推进资产的共享、共用和调剂使用。

第二节　相关案例

案例6-1：加强资金管理，及时清理个人欠款

（一）案例描述

在审计中发现，某中学存在一笔其他应收款20000元，该笔款项长期挂账已有十年之久。经查证，该笔借款为学校一名教师李某在十年前由于重大疾病，向学校借20000元用于治疗，后因病去世，这笔借款一直未还。会计王某解释，由于李老师治病造成家庭困难，无力偿还借款，学校几次催还都未能收回，后来就一直拖到此次审计。这笔账形成了坏账。

（二）案例分析

本案例中学校对职工借款管理不到位，对于坏账未能及时处理，导致长期挂账十年之久。

（三）规范措施

学校应当定期或者至少于每年年度终了，对包括职工借款在内的其他应收款进行检查，预计其可能发生的坏账损失，并计提坏账准备。对于不能收回的其他应收款应当查明原因，追究责任。对确实无法收回的，须经主管部门审核同意后报本级财政部门审批。对于职工借款，应明确借款用途、借款金额和审批权限与流程，有条件使用公务卡的，加大推广力度，将日常的公用支出和单位批准的零星购买支出纳入公务卡开支范围，先支付，后报销，避免长期挂账。

（四）相关拓展

《中小学校财务制度》（财教〔2022〕159号）

第五十一条　中小学校应当按照国家有关规定，建立健全现金及各种存款的内部管理制度，加强资金监督管理，对应收及预付款项应当及时清理结算，不得长期挂账。

案例 6-2：强化资金安全，加强银行账户管理

（一）案例描述

某县审计局在审计中发现，县高中有几笔大额资金从零余额账户转账到个人账户，要求责任人会计苏某对这几笔可疑资金问题作出书面说明。苏某投案，交代在过去七年间，利用会计职务以及经手学校零余额账户内资金转账支付的便利条件，通过开具授权支付凭证，采取未登记记账凭证、伪造支付凭证、虚假挂账、虚列支出、涂改支付凭证、伪造公章等手段侵吞公款，转账 380 批次，将县高中零余额账户内的公款直接转入或间接通过其他公司、私人账户转入苏某所持有的私人账户内，涉案金额高达 1200 多万元。某县人民法院对此案作出判决，苏某因犯贪污罪、伪造国家机关印章罪，被法院判处有期徒刑 14 年，并处罚金 200.5 万元，同时责令苏某继续退出赃款 1132 万余元，返还县高中。

（二）案例分析

本案例中，该高中缺乏健全的资金内部管理制度，对资金的监管不到位，未建立关键岗位职工的轮岗制度，致使会计苏某长达七年侵占资金 1200 万元。

（三）规范措施

该高中应建立健全现金及各种存款的内部管理制度，加强资金监督管理，建立关键岗位职工的轮岗制度。一方面在财务人员队伍管理、制度执行等方面加大日常监管力度，紧盯重点人、重点事、重点岗位和重要制度执行，另一方面有关单位要切实加强对他们的廉洁和警示教育，使其自觉提升思想认识，树立正确的世界观、人生观和价值观，主动抵制不劳而获、贪图享受等不良思想的侵蚀，筑牢拒腐防变的思想防线。

（四）相关拓展

1.《中小学校财务制度》（财教〔2022〕159 号）

第五十一条　中小学校应当按照国家有关规定开设基本存款账户和零余额账户，建立健全现金及各种存款的内部管理制度，加强资金监督管理。

2.《中华人民共和国会计法》

第四十三条　伪造、变造会计凭证、会计账簿，编制虚假财务会计报告，

构成犯罪的,依法追究刑事责任。

案例6-3:重视存货台账登记,加强存货日常管理

(一)案例描述

审计中发现,某中学未建立存货管理制度,没有存货的出入库记录。该中学总务处对教学耗材、办公用品等存货管理混乱,各科教研室需要就到总务室领取,领取时不需要签字登记,只是口头说一声就领走,各类耗材和消耗品使用完后总务室就再去采购,对于存货出入库管理没有概念,对存货也没有盘点。

(二)案例分析

本案例中,学校对于各类存货的松散管理容易造成资源浪费,影响成本核算的准确性,降低资金使用效益,滋生腐败。

(三)规范措施

一是建立存货管理制度,明确规定存货的采购申请、审批、购买、验收、付款、保管、领用、盘点等环节的操作规范。二是应结合自身情况,明确存货的界限种类,结合学校的实际情况进行分类,划分详细的等级。明确购入货物哪些能作为材料出入库,哪些作为固定资产核算,哪些属于直接支出费用化核算。对于领用办理领取手续,详尽地记录领用物品的型号、种类、规格以及领用人签名等。这样便于财会人员在账务处理时规范化,也便于管理人员和使用人的操作。三是及时建账建卡,实行会计账与台账记录,价值记录与实物管理同步,便于分清责任。四是加强日常盘点。

(四)相关拓展

《中小学校财务制度》(财教〔2022〕159号)

第四十八条 中小学校应当定期或者不定期对资产进行盘点、对账。出现资产盘盈盘亏的,应当按照财务、会计和资产管理制度有关规定处理,做到账实相符和账账相符。

案例6-4:盘活学校闲置资产,提高资产使用效率

(一)案例描述

事例一:某校新建的教学楼,建筑规模6400平方米,共45间教室,截

至2018年底，该校实际只有499名学生，分成18个班级，其余教室则用于老师及其他管理人员的办公室、仓库等，学生教室利用率仅为40%。此外，还有一座实验综合楼和原教学楼，实验综合楼共5层，实地查看，也有部分教室处于闲置状态，原教学楼早已废弃不用多年。

事例二：截至2015年年末，某县2010年以来因布局调整停办学校共14所，占2015年学校总数的5.91%，共形成需处置校园面积13.9153万平方米、校舍面积4.3687万平方米。这些校园土地产权属于教育部门的有13所、属于集体所有的有1所；校舍产权属于教育部门的有13所、产权界定不清的有1所。由于产权归属情况复杂，目前尚有6所学校，涉及校园面积23054平方米、校舍面积5767平方米未处置，一直处于闲置状态。

（二）案例分析

本案例中，教学楼房闲置的原因：一是学校规划建设时考虑不充分，造成资产闲置。近几年城镇化进程加剧，人口流动较为频繁，使得有些学校生源每年呈下降趋势。但学校在校园建设规划中未能充分考虑上述因素，造成资产利用率低。二是布局调整后，停办学校产权复杂，部分校舍迟迟未处置利用，造成浪费。

（三）规范措施

一是学校建立完善的资产管理制度，构建科学的管理流程，让校长认识到闲置资产管理的重要性。二是学校应根据县级以上人民政府有关规定，结合中小学教育教学特点及需求，制定合理的资产配置标准，避免资产购置、建造过多造成浪费。三是学校在盘活闲置校产中，应按照相关规定，将不动产采取竞价变现、对外招租、服务乡镇村招商引资等形式处置，并将所得资金用于发展农村文化教育事业（见图6-1）。

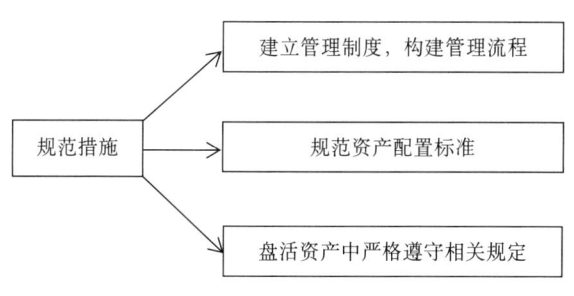

图6-1 规范措施

(四)相关拓展

《中小学校财务制度》(财教〔2022〕159号)

第四条 加强资产管理,合理配置和有效利用资产。

第六十条 中小学校长期闲置、低效运转或者超标准配置的国有资产,应当由主管部门进行调剂,并报本级财政部门备案。

案例6-5:规范办公设备管理,严控超标超量配备

(一)案例描述

审计中发现,某中学固定资产明细账中有数台打印机价值在3800元左右,价值偏高。经实际查看,该中学上年采购的一台惠普A4黑白打印机,当地执行的办公设备配置标准明确规定,A4黑白打印机价格不超过2000元/台。该中学的办公设备配置超出了规定的标准。同时,按照该中学实际行政人员计算,存在超数量配备打印机的情况。

(二)案例分析

行政办公设备是日常消耗品,有一定的使用年限。按照行政办公设备管理规定,行政办公设备能够保障日常办公正常运行即可,超标准超量购置办公设备,既违反了相应的采购标准,也造成了设备到期时的频繁更换和集中报废,给学校今后的办公设备购置带来了极大的资金压力。

(三)规范措施

对于办公用设备的采购应该考虑设备的功能,还要考虑资产的配置标准,在能满足需求的情况下,尽可能地选择节约资金的设备。该学校超标超量配置设备的做法造成了资源的浪费,学校应制定办公设备配置标准,合理编制资产采购预算,配置合适的资产。

(四)相关拓展

1.《中小学校财务制度》(财教〔2022〕159号)

第四十九条 中小学校应当根据依法履行职能和事业发展的需要,结合资产存量、资产配置标准、绩效目标和财政承受能力配置资产。

2.《行政事业性国有资产管理条例》(中华人民共和国国务院令第738号)

第八条　各部门及其所属单位应当根据依法履行职能和事业发展的需要，结合资产存量、资产配置标准、绩效目标和财政承受能力配置资产。

案例6-6：加强竣工财务决算，做好在建工程转固处理

（一）案例描述

审计中发现，某中学在建工程明细有1000万元的实验楼项目。经询问会计人员和实地查看，得知该实验楼已于两年前竣工并投入使用，但至今未进行工程财务决算，未转作固定资产入账。

（二）案例分析

本案例中，该中学对已交付使用的工程项目，未及时办理竣工财务决算，对该建设项目，应当按照国家统一的会计制度的规定确认资产价值。

（三）规范措施

学校应按规定及时办理实验楼的竣工财务决算。

（四）相关拓展

《行政事业性国有资产管理条例》（中华人民共和国国务院令第738号）

第三十一条　各部门及其所属单位采用建设方式配置资产的，应当在建设项目竣工验收合格后及时办理资产交付手续，并在规定期限内办理竣工财务决算，期限最长不得超过一年。各部门及其所属单位对已交付但未办理竣工财务决算的建设项目，应当按照国家统一的会计制度确认资产价值。

案例6-7：做好资产折旧计提，客观反映资产价值

（一）案例描述

审计中发现，某中学2020年"累计折旧"科目期初余额为零。学校未按规定计提2019年固定资产的累计折旧。

（二）案例分析

固定资产计提折旧有利于真实反映学校资产的价值，有利于推进政府成本会计核算与管理，有利于权责发生制政府财务报告的编制。

新《政府会计制度》于2019年1月1日开始实施，中小学也在实施范围内，根据《政府会计准则第3号——固定资产》（财会〔2017〕4号）第十六

条"政府会计主体应当对固定资产计提折旧。"该中学未按规定计提固定资产折旧，违反了该规定。

（三）规范措施

该学校应当按照《政府会计制度》的规定，对 2018 年 12 月 31 日前的固定资产补提折旧。对于新增的固定资产应按月计提折旧，当月增加的固定资产，当月开始计提折旧；当月减少的固定资产，当月不再计提折旧。

（四）相关拓展

《政府会计准则第 3 号——固定资产》（财会〔2017〕4 号）

第十七条　下列各项固定资产不计提折旧：（一）文物和陈列品；（二）动植物；（三）图书、档案；（四）单独计价入账的土地；（五）以名义金额计量的固定资产。

案例 6-8：严格资产处置程序，规范处置收益管理

（一）案例描述

审计中发现，某中学的固定资产价值减少了 10 万元，在查证后发现，该校的一批 20 台电脑达到报废条件，已按照规定履行了审批手续。但学校财务账上没有国有资产处置收入，经询问会计李某和总务处长王某，得知报废的电脑已全部变卖，由校长张某个人处理，未入财务账。

（二）案例分析

本案例中，校长张某擅自处理学校报废国有资产，将处置收入占为己有违反了国有资产处置的有关规定。

（三）规范措施

对于资产的报废需要经审批后才可处置，对于重大的资产处置应当经过学校党组织决策，然后再按照审批程序办理，本案例中，该批电脑的处置应该由校党组织决策并报上级审批后方可处置。资产的处置收入应及时上缴国库。

（四）相关拓展

《中小学校财务制度》（财教〔2022〕159 号）

第五十八条　中小学校资产处置应当遵循公开、公平、公正和竞争、择

优的原则，严格履行相关审批程序。

第五十九条　中小学校资产处置收入应当按照国家有关规定，实行"收支两条线"管理。

案例6-9：加强资产出租管理，规范出租收入上缴

（一）案例描述

审计中发现，某中学将学校的临街平房对外出租，市场租价为每年10万元，校长以每年8万元的价格租给自己的一个亲戚，租金收入一部分直接用于本校职工和聘用人员加班费，另一部分作为学校收入直接入账。

（二）案例分析

资产出租原则上必须实行公开竞价招租，必要时可以采取评审或者资产评估等方式确定出租价格，确保出租过程公正透明。资产出租期限一般不得超过五年，出租期内，承租方不得转租。出租资产到期后，不得直接续租，应按照有关规定重新履行相关管理程序。

该校长出租平房的行为，违反了《中小学校财务制度》（财教〔2022〕159号）第五十七条"中小学校出租、出借资产，应当按照国家有关规定经主管部门审核同意后报同级财政部门审批"的规定。该校长以低于市场价的租金租给亲戚，属于违法行为。该校长对收到租金的处理方式，违反了《中小学校财务制度》（财教〔2022〕159号）第二十六条"中小学校应当将各项收入纳入学校预算，统一核算，统一管理"的规定；违反了第二十七条"对按照规定上缴国库或者财政专户的资金，中小学校应当按照国库集中收缴的有关规定及时足额上缴，不得隐瞒、滞留、截留、挪用和坐支"的规定。

（三）规范措施

学校应制定国有资产管理办法，规定资产出租的程序和审批权限。对于违规出租、出借资产，应及时终止出租、出借行为。确实难以终止的，到期必须收回。资产出租必须收取合理费用，并按期将出租收入上缴国库，单位不得擅自占有、瞒报漏报、坐收坐支。

（四）相关拓展

《中小学校财务制度》（财教〔2022〕159号）

第五十七条　中小学校出租、出借资产应当进行必要的可行性论证，严

格履行相关审批程序。

第二十六条　中小学校应当将各项收入纳入学校预算，统一核算，统一管理。

第二十七条　对按照规定上缴国库或者财政专户的资金，中小学校应当按照国库集中收缴的有关规定及时足额上缴，不得隐瞒、滞留、截留、挪用和坐支。

案例6–10：增强无形资产意识，加强无形资产管理

（一）案例描述

审计中发现，某中学的"无形资产"科目中本年新增金额为零，又发现学校在本年购买一套50 000元的教学课件，学校未把该软件记入"无形资产"科目。

（二）案例分析

无形资产是中小学校的重要教育资源，校长应正确认识学校无形资产的内涵和价值，加强无形资产的管理。

本案例中，该学校购买的教学课件属于软件，应作为学校的无形资产进行入账。

（三）规范措施

学校的无形资产包括著作权、非权利型知识和技术、教育信息、学校形象和学校的社会关系。要增强教职工对学校无形资产的保护意识，对于学校的非专利技术、教学课件、教育教学经验要加强保护，努力转化为权利资产。同时学校还应采取措施加强校名校誉的监管。

学校要重视和加强对无形资产的管理，适时建立完整的无形资产档案，依法合理利用无形资产。对取得的无形资产应及时入账。

（四）相关拓展

《中小学校财务制度》（财教〔2022〕159号）

第五十四条　无形资产是指不具有实物形态而能为使用者提供某种权利的资产，包括专利权、商标权、著作权、土地使用权、非专利技术、商誉以及其他财产权利。

第四十八条　中小学校应当建立健全资产管理制度，明确资产使用人和

管理人的岗位责任，按照国家规定设立国有资产台账，加强和规范资产配置、使用和处置管理，维护资产安全完整，提高资产使用效率。

案例6-11：规范捐赠资产管理，做好资产账务处理

（一）案例描述

审计中发现，某农村小学有一项操场修整的工程花费20 000元，但在预算中并未发现此项目的预算。经询问会计张某得知，该款项是上年学校受捐赠的5台电脑的处置收入，校长王某认为捐赠的资产不需要入账。由于该小学的电脑配备充足，这几台电脑一直闲置，于是校长决定将该批电脑卖掉，所得资金用于操场的修整。

（二）案例分析

本案例中，该小学校长的行为违反了捐赠资产的使用规定，受捐赠的电脑未纳入学校固定资产管理，未按有关规定和协议约定使用和管理受捐赠财产，擅自处置受赠资产，坐支国有资产处置收入。

（三）规范措施

捐赠要依法规范进行，捐赠应当是自愿和无偿的，捐赠的财产应当是其有权处分的合法财产，捐赠财产的使用应当尊重捐赠人的意愿，符合公益目的，不得将捐赠财产挪作他用。捐赠活动的开展不能与入学等与捐赠人利益相关的行为挂钩。不能以捐赠之名变相乱收费。

捐赠财产的转移要按照同级财政部门的有关规定执行。受赠人应当严格遵守国家的有关规定和协议约定，按照合法、安全、有效的原则使用和管理捐赠财产，不得擅自改变捐赠财产的用途。如果确需改变用途的，应当征得捐赠人的同意。

受捐赠的学校应当严格遵守国家有关规定和协议约定，按照合法、安全、有效的原则使用和管理捐赠财产，捐赠的固定资产应该纳入学校固定资产管理，资产处置应严格按规定执行，对于擅自处置受赠资产的应依法给予处分。

（四）相关拓展

《行政事业性国有资产管理条例》（中华人民共和国国务院令第738号）

第十六条 各部门及其所属单位接受捐赠的资产，应当按照捐赠约定的用途使用。捐赠人意愿不明确或者没有约定用途的，应当统筹安排使用。

第二十五条　行政单位国有资产出租和处置等收入,应当按照政府非税收入和国库集中收缴制度的有关规定管理。除国家另有规定外,事业单位国有资产的处置收入应当按照政府非税收入和国库集中收缴制度的有关规定管理。事业单位国有资产使用形成的收入,由本级人民政府财政部门规定具体管理办法。

第二十六条　各部门及其所属单位应当及时收取各类资产收入,不得违反国家规定,多收、少收、不收、侵占、私分、截留、占用、挪用、隐匿、坐支。

第七章
基建管理

第一节　基本常识及常见问题简述

一、中小学校基本建设管理基本知识

中小学校基建管理泛指学校根据事业发展目标和办学计划的需要，自行或者委托施工方开展的修缮或者基本建设工程管理活动，包括新建、续建、改扩建、迁建、大型维修改造工程及相关工作。基本建设属于学校发展与建设的重大事项，需要经过学校重大经济事项决策程序来决定工程项目的功能用途和资金需求，并通过专项资金予以安排。

基本建设工程一般资金量大、专业技术性强，对学校事业发展具有重要支撑作用。在具体实施过程中，基本建设财务管理要严格执行国家有关法律、行政法规和财务规章制度，坚持勤俭节约、量力而行、讲求实效的原则，正确处理资金使用效益与资金供给的关系。学校还需要根据项目的复杂程度和单位的管理能力，安排或聘请熟悉国家基建项目法律法规和工程项目管理方面专业知识的个人或单位提供技术支撑，抓细节、控进度、降成本，即对基建项目前期的设计、概算、预算进行严格把关，严格按照工程管理要求履行招标投标程序，确定施工队伍，签订施工合同；在项目进展过程中需要严格控制招标投标及各类变更，根据施工进度支付工程价款；最后按照项目管理规定办理验收、资本化和档案归档工作。

二、中小学校基本建设财务管理要求

根据中小学校基本建设相关要求，学校财务应完成以下基建管理任务（见图 7-1）：依法筹集和使用基本建设项目（以下简称"项目"）建设资金，防范财务风险；合理编制项目资金预算，加强预算审核，严格预算执行；加强项目核算管理，规范和控制建设成本；及时准确编制项目竣工财务决算，全面反映基本建设财务状况；加强对基本建设活动的财务控制和监督，实施绩效评价。

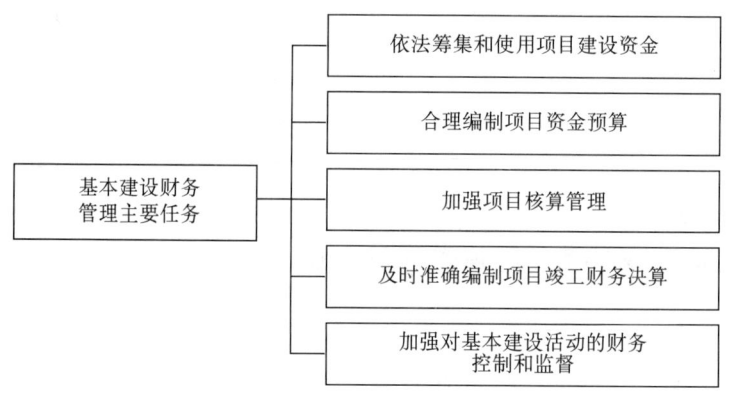

图 7-1　基本建设财务管理主要任务

因此，项目建设单位首先应当建立健全本单位基本建设财务管理制度和内部控制制度；要按项目单独核算，按照规定将核算情况纳入单位账簿和财务报表；同时，按照规定编制项目资金预算，根据批准的项目概（预）算做好核算管理，及时掌握建设进度，定期进行财产物资清查，做好核算资料档案管理；按照规定向财政部门、项目主管部门报送基本建设财务报表和资料；最后，要及时办理工程价款结算，编报项目竣工财务决算，办理资产交付使用手续。

按照规定实行代理记账和项目代建制的，代理记账单位和代建单位应当配合项目建设单位做好项目财务管理的基础工作。

三、中小学校基本建设管理存在的问题

基本建设管理工作中容易出现投资超概算，未按照概算投资，未严格履

行审核审批程序,未建立有效的招投标控制机制,截留、挤占、挪用、套取建设项目资金,未按照规定保存建设项目相关档案并及时办理移交手续等问题,这些都会带来较大的经济责任风险。

第二节 相关案例

案例7-1:充分论证项目可行性,科学编制项目建议书

(一)案例描述

某校使用中央财政中小学××专项资金,建设大空间网架结构学生训练中心,项目投资2200余万元,建成后的训练中心与已有的实训基地功能重复,场地过剩,改造为室内风雨操场后,因墙面材料吸音效果不足、场地采暖通风设施设计缺陷等原因,导致使用效果不佳。

(二)案例分析

项目建议书和可行性研究报告是在策划和决策阶段必不可少的技术论证文件,也是相关部门进行立项和资金批复的重要依据。项目建议书主要论证的是项目的必要性。主要对项目建设地点的选择、建设内容与规模、投资估算和资金筹措,以及经济效益、生态效益和社会效益等做出的初步研究。项目可行性研究报告主要论证的是项目的可行性。在调查研究和分析论证项目技术可行性和经济合理性的基础上,进行方案比选后编制的文本。有个别学校为了争取财政支持,改善办学条件,前期常常忽略对项目必要性和可行性的系统、全面论证,盲目投资决策,导致建设过程中变更不断,建成后项目实用性不足,造成了资金浪费。

(三)规范措施

加强可行性研究,提高投资决策的科学性。优化前期管理工作(见图7-2)。

一是要优选可行性研究的编制单位和设计单位。可行性研究、方案和施工图深化设计是前期的重要工作内容,建设管理者应强化和提升这些工作的质量。可行性研究必须通过考察、招标、比选等途径,并科学设定评价标准,按法定程序择优选具有学校项目前期咨询和建筑设计丰富经验的服务单位。

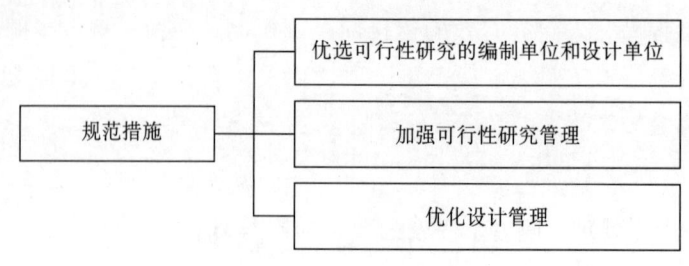

图 7-2 规范措施

二是要加强可行性研究管理。咨询单位确定后,要求其在编制项目建议书和可行性研究报告前进行现场踏勘,了解建设项目现场的现有建筑、周边建筑、当地市政设施、办学条件等情况。结合最新实施的中小学办学条件标准、中小学校设计规范和其他相关设计标准,建设单位项目管理人员应与咨询单位、设计单位加强沟通,了解报告的内容并结合未来使用方的需求,加强可行性研究报告的论证,特别是针对超出办学和建设标准的功能和规模,要详细论证说明。

三是要优化设计管理。设计单位选定后,进一步规范设计合同条款,明确设计单位的责、权、利,以及违约的处理规定,使设计单位既有工作动力又有履约压力,能够提高图纸质量。

(四) 相关拓展

遵守基本建设程序,坚持先规划论证、后设计施工。可集中多方力量做好项目建议书和可行性研究。除基建项目管理人员外,还可以邀请教委主管人员。学校使用部门在方案设计阶段提前介入,参与设计,明确设计内容,细化具体要求,避免施工过程中提出设计变更,进而造成追加资金。

案例 7-2:高度重视前期设计,筑实建设项目基础

(一) 案例描述

某小学在进行教学楼设计时,将排球馆、图书室等非主要教学用房规划在 1—3 层,主要教学用房设计在 4 层及以上,所有楼层均预留隔音层,用于悬挂黑板的墙面柱间距不足 3.5 米,墙裙高度 1 米,教室采用实体木门。建设过程中,发现上述设计不满足《中小学校设计规范》的要求,需要进行设计调整,由于层高、柱间距的调整涉及结构问题,设计施工经过多次变更,

影响工期及总预算。

（二）案例分析

中小学校教学楼的设计应遵循《中小学校设计规范》，各类小学的主要教学用房不应设在四层以上，教学用房的楼层间及隔墙应进行隔音处理，走廊的顶棚宜进行吸音处理。隔音、吸音的要求应符合现行国家标准《民用建筑隔音设计标准》GB50118 的有关规定。教学用房及学生公共活动区的墙面宜设墙裙，各类小学的墙裙高度不宜低于 1.2 米。教学用房黑板宽度不宜小于 3.6 米。除音乐教室外，各类教室的门窗均宜设上亮窗；除心理咨询室外，教学用房的门扇均宜附设观察窗。

（三）规范措施

一是学校教学楼有一定的特殊性，学校项目管理人员应熟练掌握标的建筑物的适用规范，并将其作为招标文件的重要事项予以落实。

二是对于专业性较强的建筑工程部分可聘请专业的评标机构提供辅助服务，提高专业判断能力。

三是可通过市场调研，选择有实力、有专业领域实施经验的设计单位作为潜在供应商，进行沟通交流，减少因为专业水平不足导致的设计方案质量低劣。

（四）相关拓展

项目控制的关键在于施工前的设计阶段，照图施工是施工单位施工的前提条件。施工设计图一旦确定，施工单位在施工阶段不能任意改变施工设计。所以，施工设计质量的高低对工程建设产生直接影响。在工程建设施工的全过程中，虽然资金投入最多的阶段是施工阶段，但决定投资多少的却是设计阶段。根据相关资料的统计，影响工程造价的 75%~95% 都是在工程设计阶段。因此，学校应高度重视设计招标，为工程建设打下坚实的基础。

案例 7-3：加强洽商变更管理，严控项目投资概算

（一）案例描述

某中学实验楼项目，原设计楼地面为现浇水磨石。工程施工后因现浇水磨石地面施工工艺繁琐，施工周期长，利润率低等原因，施工方前期故意拖延，后期以面临开学、影响使用等为由提出所谓合理化建议，将现浇水磨石

楼地面改为铺地面砖。结果不但增加费用20余万元,还致使投入使用后产生地面湿滑、容易脏污等问题。

（二）案例分析

本案例中,学校对监理机构投资控制授权不清晰,监理单位和人员轻投资控制,加上监理工程师业务能力不强,造价管理参与度不足,导致项目施工期间变更不严谨、签证不规范、索赔随意、材料认质认价不当、甲供材料管理混乱,引起工程结算价款增加。

本案例违反了《行政事业单位内部控制规范（试行）》（财会〔2012〕21号）第五十二条"经批准的投资概算是工程投资的最高限额,如有调整,应当按照国家有关规定报经批准。单位建设项目工程洽商和设计变更应当按照有关规定履行相应的审批程序"的规定。

（三）规范措施

工程施工环节是承包人增加合同收入机会最多的环节,学校应加强施工阶段管理,把好施工管理关,减少施工环节的费用（见图7-3）。

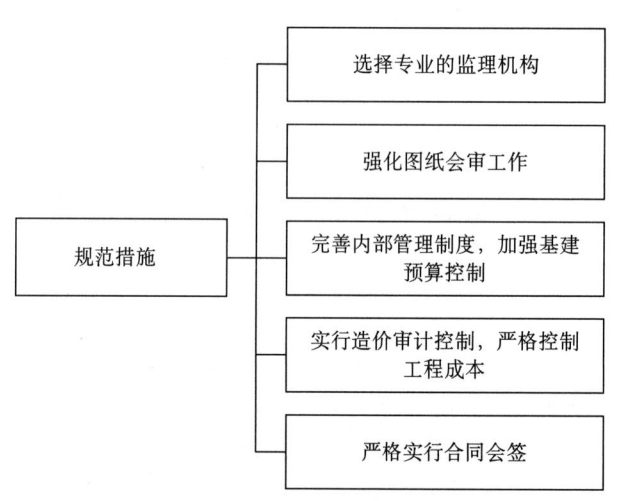

图7-3 规范措施

一是选择专业的监理机构。明确监理机构职责,建立有效的监理机构约束机制,严格管理各种增加费用支出的变更、签证和索赔,促使监理机构承担由于监理错误指令和监督不力导致的超额费用连带责任。

二是强化图纸会审工作。组织各专业设计师、施工企业技术负责人、各专业监理工程师深化图纸会审工作，按照研究设计方案—提出问题—交流意见—深化完善设计方案的流程，提高设计方案的可实施性，避免不必要的损失。

三是完善内部管理制度，加强基建预算控制。制定基建项目招标管理规定，基建工程质量管理规定，工程监理管理规定，基建材料采购管理规定，设计变更、设备采购管理规定等一系列内部控制制度。这些规定经有关部门和学校领导讨论通过后，由纪委、监察、审计、合同管理等职能部门组成检查小组对基建管理制度的执行情况进行定期检查和监督，以确保基建管理工作的顺利进行。

学校应成立以主管校长为领导的基建财务领导小组，小组成员应包括校党委会成员及各职能部门的行政负责人，特别要有财务、审计、国资办、基建办、规划办等有关职能部门参加。该小组负责组织编制学校的基建预算，并制订年度基建计划。在编制学校预算时一方面要"量入为出，收支平衡"，另一方面要"积极发展"。但学校实施基建计划必须做到建设规模要适度、结构要合理、经费来源要可靠。通过预算控制解决基建投资计划变更较大，不能严格按基本建设投资规模操作的问题。

四是实行造价审核控制，严格控制工程成本。可以根据工作需要聘请合格的工程监理公司和跟踪审计单位，实现工程建设的专业化管理。可由工程监理公司、跟踪审计单位、学校基建工程管理人员和预决算人员一起对施工单位报送的原始资料如图纸会审纪要、设计变更记录、现场隐蔽工程记录等的真实性、完整性进行审核检查，同时对工程量的计取、定额套用是否与标书中要求一致，以及甲方所供设备、材料有无重复计算等进行审查，为降低工程成本把好第一关。

五是严格实行合同会签。学校基建项目应严格合同管理，签订的合同条款内容要全面，文字表达要清楚，特别是合同价形式、物价浮动因素、政策调整因素、双方的承诺及主材的供货方式等都应在合同中明确，以便在合同履行中控制价格。

(四) 相关拓展

建设项目竣工后，学校应当按照规定的时限及时办理竣工决算，组织竣工决算审计，并根据批复的竣工决算和有关规定办理建设项目档案和资产移交等工作。

案例7-4：严格项目招标程序，防范工程腐败风险

（一）案例描述

事例一：某中学在组织实施校内道路修建工程时，其校长利用职务便利和职务影响，违反议事规则，未组织召开集体决策会议，未履行招投标程序，自行决定由某工程建设有限公司实施该工程，谋取利益。道路质量多处出现问题，给学校造成损失。

事例二：某中学对新建学生宿舍楼进行招标，由于该学校与一家建筑公司有长期的业务往来，故此次仍希望这家建筑公司中标。于是双方达成默契，在招标时该建筑公司尽量压低投标报价，以确保中标，在签合同时再将工程款提高。果然在开标时，该公司的报价为最低价，经评委审议，最终推荐此公司为中标候选人，学校向该公司发出中标通知书。在签合同前该公司以材料涨价为由，将原投标报价提高了10%，提高后的工程造价高于开标时所有投标人的报价，双方仍签订了施工合同。

（二）案例分析

学校基本建设项目应按照国家有关规定进行招投标，但在实际操作过程中存在一些人为因素导致评标过程缺乏公正、合理、透明的程序，往往几个人甚至一个人说了算，招标工作很容易成为少数人自身利益分割的平台，由此出现了在同等条件下不选质优选质劣、不选价廉选价高的现象。基建工程建设领域招投标工作的公告发布、标书编制、评标、签约等关键环节需要特别注意漏洞的存在，如：规避公开招标、化整为零、围标串标、违规公示等。

本案例违反了《中华人民共和国招标投标法实施条例》（中华人民共和国国务院令第613号）及《行政事业单位内部控制规范（试行）》（财会〔2012〕21号）第四十九条"单位应当依据国家有关规定组织建设项目招标工作，并接受有关部门的监督。单位应当采取签订保密协议、限制接触等必要措施，确保标底编制、评标等工作在严格保密的情况下进行"的规定。

（三）规范措施

一是加强基建招标管理。学校应成立招标领导小组，建立招标专家库，以监督基本建设项目招标工作。招标领导小组以分管校领导为组长，由审计、监察、财务、政策研究、基建部门等负责人组成，主要负责学校基建项目的

具体招标工作、审定招标方案、考察和确定投标或邀标单位、审查评标结果。招标专家库由具有基本建设相关专业资质并在省招标中心注册登记的专业人员组成，负责向基建招标领导小组提供专业技术支持，并代表校方作为基建项目招标评委。

二是严格审查与管理，遏制腐败。学校还应成立由法律顾问、审计、监察、财务、基建部门等负责人组成的基建合同会审小组，会审小组提前介入，从源头参与，保证招投标工作公正、公开、公平进行，防止弄虚作假、暗箱操作。在合同会签过程中重点控制以下内容：审查招投标程序的合法性及操作的规范性，审查投标单位资格和条件的有效性，审查招标小组评标办法的合理性，审查工程标底的客观性，以确保其客观、合理（见图7-4）。

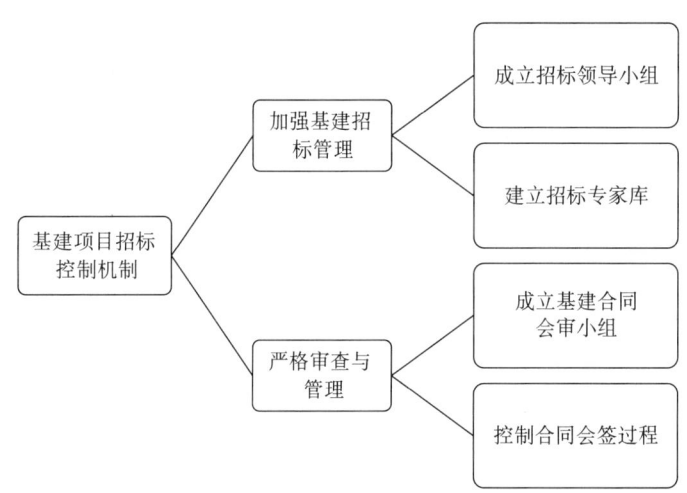

图7-4 基建项目招标控制机制

（四）相关拓展

基建项目专业性强，重复率低，学校往往会面临缺乏专业人才、缺乏项目管理经验、规章制度不完善等困难，在处理此类问题时，可借助外部专业机构的服务固强补弱。

案例7-5：强化合同约定权责，加强施工合同跟踪管理

（一）案例描述

某学校在建教学楼时发生安全生产事故，一名建筑工人从未铺设完毕的

二楼楼板跌下,致使腿骨骨折。经调查,系中标施工企业违反施工合同约定,将部分工程转包给无资质公司承建,该公司安全生产意识淡薄,工人未经过专门的安全生产培训,施工过程中违规操作,导致事故发生。

(二)案例分析

本案例违反了《中华人民共和国建筑法》(2019年修正)第二十九条"建筑工程总承包单位可以将承包工程中的部分工程发包给具有相应资质条件的分包单位;但是,除总承包合同中约定的分包外,必须经建设单位认可。施工总承包的,建筑工程主体结构的施工必须由总承包单位自行完成。

建筑工程总承包单位按照总承包合同的约定对建设单位负责;分包单位按照分包合同的约定对总承包单位负责。总承包单位和分包单位就分包工程对建设单位承担连带责任。

禁止总承包单位将工程分包给不具备相应资质条件的单位。禁止分包单位将其承包的工程再分包。"的规定。

(三)规范措施

本案例中,学校作为发包方,应通过监理公司对施工现场的情况进行实时监督管理,及时发现风险隐患,尽最大可能避免安全事故,保证施工现场安全、有序。

(四)相关拓展

根据《中国人民共和国建筑法》第四十五条规定,施工现场安全由建筑施工企业负责。实行施工总承包的,由总承包单位负责。分包单位向总承包单位负责,服从总承包单位对施工现场的安全生产管理。

学校作为发包方,其安全责任与义务(见图7-5)包括:

1. 提供具备施工条件的施工现场和施工用地。

2. 提供其他施工条件,包括将施工所需水、电、通讯线路从施工场地外部接至专用条款约定地点,并保证施工期间的需要,开通施工场地与城乡公共道路的通道,以及专用条款约定的施工场地内的主要道路,满足施工运输的需要,保证施工期间的畅通。

3. 提供有关水文、地质勘探资料和地下管线资料,提供现场测量基准点、基准线和水准点及有关资料,以书面形式交给承包人并进行现场交验,提供图纸等其他与合同工程有关的资料。

4. 办理施工许可证及其他施工所需证件、批件和临时用地、停水、停电、中断道路交通、爆破作业等的申请批准手续（证明承包人自身资质的证件除外）。

5. 协调处理施工场地周围地下管线和邻近建筑物、构筑物（包括文物保护建筑）、古树名木的保护工作、承担有关费用。

6. 组织承包人和设计单位进行图纸会审和设计交底。

7. 按合同规定支付合同价款，及时向承包人提供所需指令，主持和组织工程的验收。

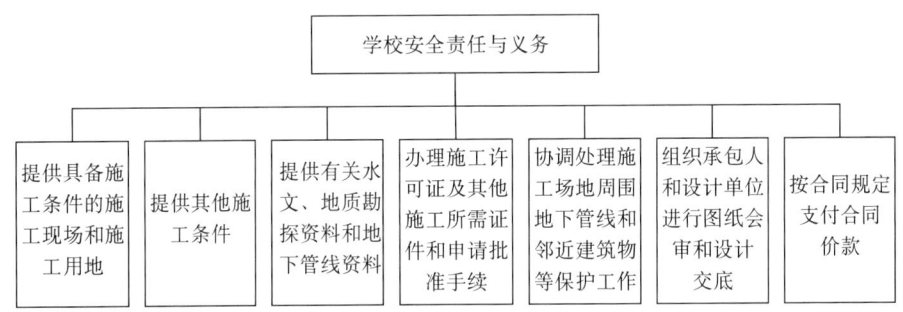

图 7-5　学校安全责任与义务

案例 7-6：加强合同履约管理，及时退还质保金

（一）案例描述

2015 年 12 月，某中学在学生宿舍楼照明改造工程中收取施工单位质保金 21 万元。该工程于 2016 年 3 月竣工，2018 年 9 月通过验收，合同规定质保期 2 年，按工程验收之日已超过质保期，截至 2020 年 9 月末，上述质保金尚未退还施工单位。

（二）案例分析

质保金条款作为合同付款义务方保障自己权益的一种有效手段，被广泛运用到诸如建设工程、承揽加工以及买卖等领域。近年来，各级政府深入推进"放管服"改革，一系列政策措施的落地很好地促进了良好营商环境的建设，但是仍有拖欠工程质保金等情况发生。本案例违反了《国务院办公厅关于清理规范工程建设领域保证金的通知》（国办发〔2016〕49 号）第三条"按时返还保证金。对保留的保证金，要严格执行相关规定，确保按时返还。"

的规定。

《建设工程质量保证金管理办法》（建质〔2017〕138号）第二条明确规定：建设工程质量保证金（保修金）（以下简称保证金）是指发包人与承包人在建设工程承包合同中约定，从应付的工程款中预留，用以保证承包人在缺陷责任期内对建设工程出现的缺陷进行维修的资金。缺陷是指建设工程质量不符合工程建设强制性标准、设计文件，以及承包合同的约定。缺陷责任期一般为1年，最长不超过2年，由发、承包双方在合同中约定；第十条规定，缺陷责任期内，承包人认真履行合同约定的责任，到期后，承包人向发包人申请返还保证金；第十条规定，发包人在接到承包人返还保证金申请后，应于14天内会同承包人按照合同约定的内容进行核实。如无异议，发包人应当按照约定将保证金返还给承包人。对返还期限没有约定或者约定不明确的发包人应当在核实后14天内将保证金返还给承包人，逾期未返还的，依法承担违约责任。发包人在接到承包人返还保证金申请后14天内不予答复，经催告后14天内仍不予答复，视同认可承包人的返还保证金申请。

（三）规范措施

认真贯彻执行国家相关的法律法规，规范质保金管理，明确双方责任，在合同中明确约定质保金的收取时点、收取标准、使用主体、使用范围（维修、赔偿、管理费用、其他相关费用等）、退还时间、退还条件等相应条款，不拖欠质保金。

（四）相关拓展

学校内部各管理部门要切实履行岗位职责，财务部门对质保金按项目、按合同进行明细核算；业务管理部门对质保金按项目、按合同建立质保金辅助台账，明确退付质保金工作流程，实行工作问责制。质保金辅助台账应包含以下信息：工程项目、施工单位、工程总额（合同总额）、验收日期、质保到期日、质保金总额、已动用质保金金额、质保金余额、其他信息。

第八章 合同管理

第一节 基本常识及常见问题简述

一、中小学校合同基本知识

中小学校合同是中小学校以法人主体的名义,与其他平等主体的自然人、法人和其他组织之间,在遵循平等、自愿、公平、诚信、实用等原则的基础上所签订、变更、终止民事权利义务关系的一种协议。学校合同作为连接学校和社会经济活动的桥梁与纽带,在教学、科研、管理、社会服务等方面发挥着越来越重要的作用。

二、中小学校合同管理要求

合同管理涵盖洽谈、草拟、签订、生效、失效的全过程(见图8-1),是合同执行流程中不可缺少的一部分,是系统性和动态性的完整统一。系统性主要关注管理主体,涉及合同条款内容的各部门都是管理主体,需协同配合,系统性地完成管理工作;动态性主要关注过程管理,注重履约全过程的情况变化,及时对合同进行修改、变更、补充或中止和终止。

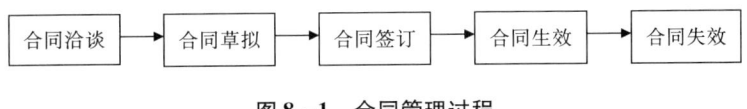

图8-1 合同管理过程

三、中小学校合同管理存在的问题

学校重视合同管理,加强对合同的监管,不仅有利于学校保护自己的合法权益,而且有利于完成学校规范管理、依法治校的目标。在中小学校合同管理中,经常存在以下问题:

1. 合同签订双方权责不对等,学校对合同风险认识不到位,未能对合同约定的相关条款进行认真分析,双方约定的职责不明确,风险漏点较多。

2. 合同条款粗放不细化,未能预测合同执行中潜在的风险和纠纷。

3. 合同履行未进行全流程跟踪管理,未及时对合同中产生的不可预计的风险进行评估,造成学校国有资产有形或无形损失。

4. 合同档案保管不规范,项目资料不完整,无法查询原有的合同支撑依据。

第二节 相关案例

案例 8-1:完善合同管理制度,明确合同约定职责

(一)案例描述

2019 年审计发现,某中学合同管理制度不健全,部分条款不明确、不完整,未明确合同管理职责权限,未规定合同管理工作程序,未针对合同订立、履行、变更与解除、纠纷处理及监督检查等方面进行详细规定。如:合同条款不明确,未明确规定"影响重大或法律关系复杂"的具体情形,未明确参与审核部门的责任界限。同时,该校合同管理制度中未规定合同保存与归档、合同监督检查等内容。

(二)案例分析

本案例中,相关学校未建立健全合同管理制度,未明确合同管理职责权限,未规定合同管理工作程序,导致合同管理工作开展无据可依,合同风险较高。制度条款的不完整、不健全也使得制度对合同管理活动的指导性偏弱,容易导致合同管理混乱。

(三)规范措施

一是加强制度建设,组织业务骨干或聘请专家对学校合同管理制度建设

与实施进行调研,制定适用于本校的合同管理制度,规范合同业务办理流程,有效提高学校合同管理效率与效果。具体内容应包括:

①合同签订的范围和条件,合同管理部门即牵头部门、承办部门和法律部门的设立原则,明确合同管理部门的职责及分工。

②重大合同的界定原则以及合同订立应遵循的基本原则。

③合同文本应包含的内容与条款。

④明确合同分级授权审批要求。

⑤规范合同签订主体、合同用章管理、合同签订日期等。

二是规范合同业务办理流程,明确合同业务流程包括合同项目策划、合同对象调查、合同条款谈判、合同文本拟定、合同各环节审批、合同履行监管、合同变更终止及纠纷处理、合同登记备案归档、合同绩效评价等环节。明确合同管理部门在各个环节中需要履行的职责和应该达到的工作目标,同时,应建立健全财会部门与合同归口管理部门的沟通协调机制,实现合同管理与预算管理、收支管理相结合。

三是建立重大合同监管机制,防范发生重大损失。结合"三重一大"等内部控制制度,明确重大合同的界定条件,建立重大合同监管机制,明确分级授权审批制度,重大合同的审批应实行集体决策和会签制度。合同条款涉及教职员工、学生切身利益的,应当按照规定程序经教职工代表大会、学校党政会议等讨论通过,集体把控合同管理过程中的关键节点,有效防范发生重大损失事件(见图8-2)。

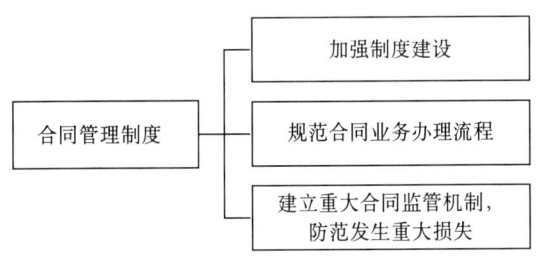

图 8-2 合同管理制度

(四)相关拓展

《行政事业单位内部控制规范(试行)》(财会〔2012〕21号)

第五十四条 单位应当建立健全合同内部管理制度。单位应当合理设置岗位，明确合同的授权审批和签署权限，妥善保管和使用合同专用章，严禁未经授权擅自以单位名义对外签订合同，严禁违规签订担保、投资和借贷合同。单位应当对合同实施归口管理，建立财会部门与合同归口管理部门的沟通协调机制，实现合同管理与预算管理、收支管理相结合。

案例8-2：细化合同约定内容，提高合同信息质量

（一）案例描述

事例一：某建筑公司负责修建某学校学生宿舍楼一幢，双方签订建设工程合同。由于宿舍楼设有地下室，属隐蔽工程，因而在建设工程合同中，双方约定了对隐蔽工程（地下层）的验收检查条款：地下室的验收检查工作由双方共同负责，检查费用由校方负担。校方的项目负责人原为专任教师，缺乏相关的专业知识，对隐蔽工程等验收工作不甚了解。地下室竣工后建筑公司通知校方检查验收，校方项目负责人却答复因校内事务繁多，建筑公司自行检查并出具检查记录即可。但其后校方发现工程质量未达到合同所定标准，交涉无果后诉至法院。

事例二：某中学为了向学生提供安全便利的生活服务，与取得相关资质的某副食公司签订合作协议，在校园内设小卖部，合同文本为对方公司提供，其权利和义务条款中对学校提出很多限定和配合要求，而对于副食公司的条款约束仅限于保持卫生和承担安全责任，未对经营食品范围、价格制定等提出监管要求，未能很好地维护师生权益。

（二）案例分析

大部分学校由于受人事编制等因素的限制，在面对专业性很强的项目时缺乏具有专业背景的管理人员实施有效管理，加之极少接触交易合同、法律纠纷等具体业务方面的专业知识，导致在解决合同变更、纠纷处理等问题时处于弱势一方，无法与合同方进行有效洽谈。如常常疏忽明确合同签订的经济范围和条件，造成合同的履行达不到预期效果；存在应签未签或事后补签的情况，容易增加财务风险并造成经济损失；甚至有的学校未建立规范的业务合同范本及法务审核机制，在合同签订过程中没有拟定相关合同条款的能力，只能使用对方单位提供的合同文本，无法保障自身合法权益，不能有效防范合同的法律风险。

(三) 规范措施

一是注重培养师生的法治意识，提高依法维权水平。结合合同管理内控要求，积极开展多种形式的专业培训，普及合同管理内部控制的内容、要求及措施，聘请专家定期举办专业知识讲座，强化管理人员风险意识，提高风险防范和管控能力。同时，应根据合同管理目标，积极开展绩效评价，运用结果导向分析方法，识别学校合同管理工作流程中的重要风险点，选择应对策略，将合同管理制度、内部控制制度及政府会计制度的法规要求落实到学校日常管理的实践中。

二是完善业务合同范本体系，管控合同文本风险。组织系统内专业人员和学校业务骨干，按照学校业务类别制定适合教育特点的合同范本，定期聘请专业法律人员进行审核修改，在系统内管理平台上公布留存，形成动态管理的合同范本体系供学校选用。合同范本体系的建设能为学校在签订合同时，积极争取合同文本的起草权提供技术支持，有效避免在遇到部分专业性较强的项目时，由于缺乏专业人员而盲目签订合同，造成学校资产损失。

三是完善专业管理人员引进机制，优化管理岗位结构。学校管理水平的提高依赖于学校各项工作形成有效合力，因此对外公开招聘应转变现阶段仅有单一的教师类别，而应适当增加财务、法律、工程及档案等专业背景管理人员，积极做好专业管理人才的储备，不断提高学校专业管理岗位设置的科学性。若现阶段部分学校受办学规模的限制，配齐相关专业人才存在一定困难，可根据实际情况寻求解决方法，如聘请第三方专业机构提供专业支持，或利用学区的优势引入专业管理人员资源共享，在学区内学校遇到问题时及时给予专业技术支持（见图8-3）。

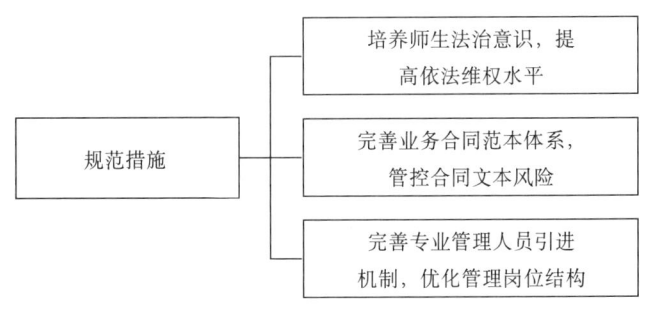

图8-3 规范措施

(四) 相关拓展

《行政事业单位内部控制规范（试行）》（财会〔2012〕21号）

第五十五条 单位应当加强对合同订立的管理，明确合同订立的范围和条件。对于影响重大、涉及较高专业技术或法律关系复杂的合同，应当组织法律、技术、财会等工作人员参与谈判，必要时可聘请外部专家参与相关工作。谈判过程中的重要事项和参与谈判人员的主要意见，应当予以记录并妥善保管。

案例 8-3：实施合同全流程监控，降低合同经济损失

（一）案例描述

某中学多年前有一处闲置房产出租给一家社会培训机构做酒店，租期十年，每年收取租金。该房产在租用期间，学校无相关部门或人员对签订的租用合同进行清理，没有对该合同的履行进行跟踪管理，也未通过信息技术手段对合同进行备案和在线管理。2018年5月，该房产租约到期，学校决定收回自用，在清理双方往来业务时因个别问题产生分歧，培训机构向地方税务机关举报校方在租期内有四年未对交纳的租金开具正规发票，存在偷逃税行为。经税务机关查实，学校应依法履行纳税义务，并缴纳罚款、滞纳金。至此，学校领导才发现，个别会计人员以业务不熟悉为由营私舞弊，给学校造成七百余万元的经济损失。

（二）案例分析

通常情况下，学校对合同的立项和签订环节较为重视，合同承办单位、业务主管部门、审计部门、财务部门均参与管理和监控，但在合同履行过程中却缺乏实时动态监控。合同执行过程中因对方或学校自身原因导致可能无法按规定履行合同的，合同双方应及时采取补救及应对措施，但若学校对合同的管理环节缺乏有效监控，出现问题时没有职能部门或个人主动、及时发现上报，就会给学校埋下风险隐患，将承担相应的违约责任并造成经济损失。

（三）规范措施

一是加强信息化建设，对合同实施全流程监管。充分利用信息化手段，建立合同信息化管理平台，全过程详细记录学校经济合同的审批立项、签订、登记、归档、履行和变更等情况，全流程实行封闭监控和信息化管理。

二是根据学校合同管理办法,合同管理部门应按合同类别、金额等认真梳理各类合同的审批流程和流转节点,明确要登记的合同信息,做到无盲区、全过程留痕。在经济合同到期日和收付款日之前,通过合同管理平台以微信或手机短信等方式提示合同承办单位及财务部门相关责任人。对于未按时履行或附件不规范、不完整的合同,平台应及时发出预警。此外,合同管理信息平台应根据不同部门和身份的需求,提供个性化的查询和报表生成功能,为学校经济合同的有效管理和监控提供方便,实现动态监测(见图8-4)。

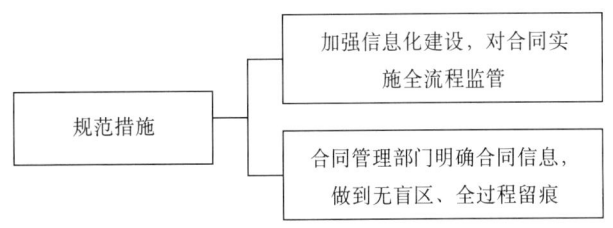

图8-4 规范措施

(四)相关拓展

《行政事业单位内部控制规范(试行)》(财会〔2012〕21号)

第五十六条 单位应当对合同履行情况实施有效监控。合同履行过程中,因对方或单位自身原因导致可能无法按时履行的,应当及时采取应对措施。单位应当建立合同履行监督审查制度。对合同履行中签订补充合同,或变更、解除合同等应当按照国家有关规定进行审查。

案例8-4:重视合同验收环节,健全验收工作机制

(一)案例描述

某校采购部门从一家泡沫板公司购买保温板、网格布、保温钉等材料,供货商供货时出具销售单共十张,经采购部门负责人签字确认。此批货物主要用于校舍外墙体的保温,已于到货当天使用,约一个月后学校基建项目负责人及监理人员发现存在质量问题。后经调查,此批货物合同要求为18公斤,但实际收到的货物分别为14公斤、15公斤、16公斤,材料密度明显与合同要求不符。采购部门在签字时疏忽大意,未对货物进行仔细查验,虽然有验收流程及工作要求却没有很好执行,致使全部工程需要返工。

(二) 案例分析

在合同验收管理方面可能会出现以下几种情况：一是未制定验收管理制度或细则，易造成验收程序不规范，导致验收报告未能全面反映合同履行情况。二是验收部门责任意识不强，验收不及时或流于形式，验收人员组成不合理，缺少专业技术人员，验收缺乏专业性。三是采购与验收岗位未分离，易造成因利害关系而对验收走过场，无法达到验收目的和效果。

(三) 规范措施

一是建立健全验收工作管理机制。学校应提高验收责任意识，重视验收对采购工作的重要性。依据相关法律法规，建立健全适合本校的验收管理机制，明确验收范围、验收主体、验收程序、验收方式、结果判定及验收材料归档等。使各部门开展验收工作有章可循，真正意义上实现依法治校。

二是细化分类验收标准。依据采购分类标准，细化不同类型采购项目验收标准，对于重大采购项目，可邀请专业机构参与验收。

三是将验收与履约评价纳入管理。验收结果是对供应商履约情况最好的评价。对于验收不合格、严重失信的供应商应依法依规处罚并清退；对于验收合格且诚信履约的供应商应在考核系统中给予适当的信用加分（见图8-5）。

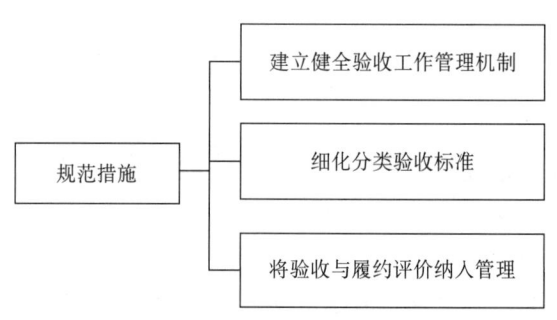

图8-5 规范措施

(四) 相关拓展

《行政事业单位内部控制规范（试行）》（财会〔2012〕21号）

第三十三条 单位应当明确相关岗位的职责权限，确保政府采购需求制定与内部审批、招标文件准备与复核、合同签订与验收、验收与保管等不相容岗位相互分离。

第三十六条 单位应当加强对政府采购项目验收的管理。根据规定的验收制度和政府采购文件,由指定部门或专人对所购物品的品种、规格、数量、质量和其他相关内容进行验收,并出具验收证明。

案例 8-5：规范合同档案管理,确保合同资料完整

（一）案例描述

某中学在合同履行过程中由于疏于管理导致相关书面证据材料丢失,工程完工后图纸洽商、往来信函等一些重要证据材料无专人负责管理,合同执行完毕后也未及时归档。后与对方公司发生诉讼,导致校方无从取证,处于严重不利地位。

（二）案例分析

合同档案管理是学校为维护自身的合法权益而采取的必要管理手段。规范合同档案管理,便于学校在面对合同纠纷时有效维护单位的权益。鉴于合同档案的重要性和特殊性,合同档案应作为专门档案进行管理。在合同档案的收集、整理过程中,合同档案管理人员应当按照档案管理制度执行,并与相关业务部门相互配合,明确合同档案的具体内容,了解合同的履行情况,从而确定合同档案的归档范围,并随情况的变化进行修订和补充。合同文本经签字、盖章、公证后应及时收集归档。

（三）规范措施

一是重视合同的档案管理工作,加大档案管理力度。合同作为经济活动中的重要书面证据,必须予以妥善保管。相关部门应加强合同的全生命周期管理,从合同签署签章环节的初始管控,到合同事项存续期间的持续管控,再到合同执行完毕后的支付管理和档案归档,都应建立完整的、贯通的管理制度。

二是进一步加大合同管理信息化建设力度,可通过 OA 系统或网上办事大厅等信息平台完成合同立项、签订、归档等工作。

（四）相关拓展

《行政事业单位内部控制规范（试行）》（财会〔2012〕21 号）

第五十八条 合同归口管理部门应当加强对合同登记的管理,定期对合

同进行统计、分类和归档，详细登记合同的订立、履行和变更情况，实行对合同的全过程管理。与单位经济活动相关的合同应当同时提交财会部门作为账务处理的依据。单位应当加强合同信息安全保密工作，未经批准，不得以任何形式泄露合同订立与履行过程中涉及的国家秘密、工作秘密或商业秘密。

第九章
食堂管理

第一节 基本常识及常见问题简述

学校食堂是学校后勤保障的重要组成部分,其管理宗旨是全心全意为师生服务,食堂工作的核心是为师生提供科学合理、质优价廉、营养全面的膳食,这不仅关系到广大师生的切身利益、学生的健康成长,还关系到学校的发展、社会的稳定和国家的未来。

一、中小学校食堂财务管理要求

中小学校食堂财务管理应坚持"公益性""非营利性"的原则,对食堂进行单独建账、单独核算,对学生伙食支出进行单独成本核算,确保学生的伙食费不被挤占、挪用。

学校自主经营食堂为学生提供就餐服务的,财务活动纳入学校财务部门统一管理,可在学校现有账户下分账核算,真实反映收支状况,并定期公开账务。如有结余,应当转入下一会计年度继续使用。

学校采用委托方式经营食堂为学生提供就餐服务的,应当加强监督管理,不得向被委托方转嫁建设、修缮等费用。

学校采用配餐或托餐方式为学生提供就餐服务的,餐费可由学校统一收取并按照代收费管理(见图9-1)。

学校需要高度重视食堂的财务管理,不断提高运营水平和运营效果,以保障师生的合法权益不受侵害。

自主经营	委托	配餐或托餐
财务活动纳入学校财务部门统一管理,可在学校现有账户下分账核算,真实反映收支状况,并定期公开账务	加强监督管理,不得向被委托方转嫁建设、修缮等费用	餐费可由学校统一收取并按照代收费管理

图 9-1 食堂经营基本方式

二、中小学校食堂财务管理存在的问题

当前,中小学校食堂财务管理工作存在着诸多问题,如食堂财务人员岗位设置不健全,关键职责未分离;食堂会计凭证管理不严,造成白条购货、大额现金支付现象严重;食堂支出成本核算不合理,影响师生伙食质量;货物采购程序不规范,食材质量不合格;招聘人员财务能力不高,食堂财务管理混乱等。学校应针对食堂财务管理现状,不断优化人员结构,加强食堂财务管理和成本核算,加大财务审核从而为全校师生提供更加优质的就餐服务。

第二节 相关案例

案例 9-1:规范食堂资金管理,严禁"公款私存"

(一)案例描述

某农村寄宿制中学,由学校总务处王主任管理学生食堂的财务,该校未开设食堂银行账户,每月学生伙食费收支全部在王主任个人存折上存取。伙食费产生的利息收入,以及包装物出售、饭菜下脚料处理所产生的收入,也存入王主任个人存折,形成了学校的"小金库"。

(二)案例分析

本案例属于典型的"公款私存",属于利用职务之便进行的违法违规行为。学生的伙食费存在较大风险,也容易产生腐败,该行为对学校及社会造

成了恶劣影响,需立即纠正。

(三) 规范措施

中小学校经县级教育局、财政局审批,可在银行开设学校食堂账户,也可以在县级教育支付分中心内开设子(分)账户。所有食堂收支全部在银行账户核算。食堂银行账户所产生的利息收入,以及包装物出售、饭菜下脚料处理所产生的收入应全部入账。

(四) 相关拓展

《农村义务教育学校食堂管理暂行办法》(教财〔2012〕2号)

第四十九条 不得转移食堂收入。严禁挪用食堂资金或设立"小金库"。

案例9-2:"管办"业务要分设,关键岗位职责必分离

(一) 案例描述

某农村寄宿制中学,因为管理人员较少,食堂内部重要岗位由一人兼任,如:食堂负责人为王某成,自制食堂票据的会计签名为王某成,销货清单收货人为王某成,出库单的签名依然为王某成,食堂财务岗位一人多岗,采购、入库、记录等不相容岗位由一人办理,违反了内控规定。

(二) 案例分析

本案例违反了内控管理规定中不相容岗位相互分离原则,即:

1. 审批与执行岗位相分离。
2. 采购、入库、出库与记录人员相分离。
3. 收费、出纳与会计相分离。
4. 出纳与档案保管相分离。
5. 内部监督与执行岗位相分离。

属于违规行为,需立即纠正。

(三) 规范措施

领会内部控制制度的实质,把握不相容职务分离的基本原则,围绕落实岗位责任制的基本方针,学校食堂岗位设置原则及案例如下:

主管领导:采购、收支等事项审批。

执行岗位:A 采购 B 入库 C 出库 D 记录人员 E 收费 F 会计 G 出纳 H 档

案保管 I 内部监督。

可以一人多岗，但是不得违反不相容岗位相分离原则。

（四）相关拓展

所谓不相容职务，是指那些如果由一个人或一个部门担任，既可能弄虚作假，又能够自己掩盖其舞弊行为的职务。单位的经济活动通常可以划分为五个步骤（见图9-2），即授权、签发、核准、执行和记录。一般情况下，如果上述每一步骤均由相对独立的人员或部门实施，就能够保证不相容职务的分离，便于内部控制作用的发挥。

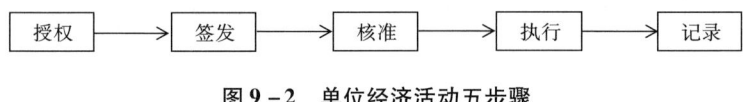

图9-2 单位经济活动五步骤

案例9-3：严格食堂账务管理，清晰反映食堂账目

（一）案例描述

某农村寄宿制小学，因考虑到财务人员工作量大，学校食堂收支未单独设立食堂账目进行明细核算，所有食堂收支均在教育经费账目的往来款项中进行反映，不能真实反映食堂的收支状况。

（二）案例分析

以上做法违反了《中小学校财务制度》中"学校自主经营食堂为学生提供就餐服务的，财务活动纳入学校财务部门统一管理，可在学校现有账户下分账核算，真实反映收支状况，并定期公开账务。如有结余，应当转入下一会计年度继续使用"的规定，属于违规行为。

（三）规范措施

中小学校食堂会计核算应采用权责发生制原则。在实际操作中，按照《政府会计制度》的规定只进行财务会计核算，不进行预算会计核算。中小学校应严格区分核算主体，由财政经费保障的人员、设施设备等方面的费用不得在食堂专账中列支。年末，抵销中小学校与本校食堂内部往来后，将食堂收支净额并入学校财务决算报表（见图9-3）。

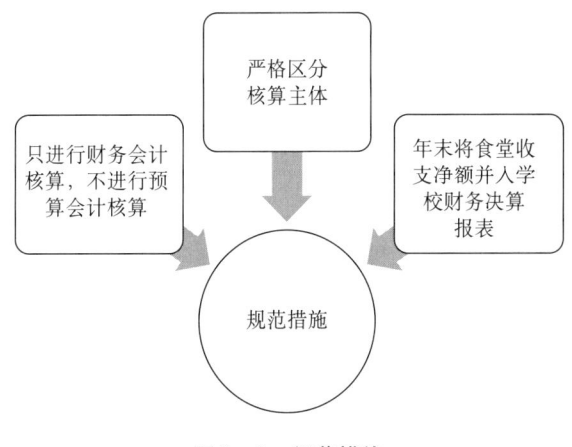

图 9-3 规范措施

（四）相关拓展

学校在对食堂财务纳入学校财务统一管理，实行专账核算的同时，也应按照《农村义务教育学校食堂管理暂行办法》第八章第五十二条之规定，实行账务公开，自觉接受学生、家长、学校膳食委员会的监管并定期（每学期至少一次）将食堂收支情况公开，同时报送教育部门备案。

案例 9-4：规范食堂收费管理，维护学生切身利益

（一）案例描述

事例一：某寄宿制高中学校，每学年初，要求新入学的高一新生每人缴纳 300 元伙食费"押金"，待高三毕业时再退还押金。

事例二：某寄宿制初中学校，每学年初，要求新入学的初一新生每人缴纳 10 元饭卡"押金"，待初三毕业时再退还押金。

（二）案例分析

以上做法中，无论是收 300 元伙食费"押金"，还是收 10 元饭卡"押金"，均属于乱收费。

（三）规范措施

按月预收伙食费，及时结算。不得收取伙食押金，不得收取饭卡费用及饭卡押金。

（四）相关拓展

在收取伙食费时应依照《中小学校财务制度》第四章第二十八条之规定，

伙食费属于服务性收费，应当使用税务发票。财务支出要取得合法、有效的票据，按规定办理相应报销手续。

案例9-5：规范食堂采购行为，加强食堂原材料管理

（一）案例描述

事例一：经抽查某市第一幼儿园2021年8月与该市教育路广汇鲜果店签署的食品采购合同及该水果店水果采购合同，香蕉单价1.8元/斤，而幼儿园2021年10月20日支付该店香蕉款4412.68元，结算单价1.98元/斤，销售单价比合同高10%，比合同多支付441.26元。10月21日采购蜜柚202斤，结算单价3元/斤，比合同报价2.7元/斤高10%，多支付60元。审计查出后，责令学校追回了学校食堂多支付的资金，相关人员受到了批评教育。

事例二：经查，某初中食堂财务账，2021年6月份6号凭证，学校食堂采购黑龙江延寿县仁杰米业有限公司大豆油5L装30桶，单价252元，金额7560元，约每升50.40元，价格虚高，资金已经支付。涉嫌套取资金，纪委已介入调查。

（二）案例分析

本案例中，食堂采购人员的做法违反了《农村义务教育学校食堂管理暂行办法》第四章第二十四条"学校实施双人采购，人员不足的可由教职工陪买，每次采购应做详细的采购记录备查。原则上采购人员每学期应轮换一次"的规定。

（三）规范措施

学校应实行双人采购，人员不足的可由教职工陪买，每次采购应做详细的采购记录备查。原则上采购人员每学期应轮换一次。规范大宗食品采购行为。建立大宗食品及原辅材料招标制度，米、面、油、蛋、奶等大宗食品及原辅材料要通过公开招标、集中采购、定点采购的方式确定供货商（见图9-4）。

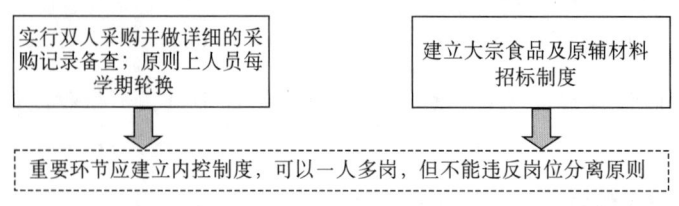

图9-4 规范措施

（四）相关拓展

食堂原材料采购价格谈判、称重、记录、入库等重要环节应建立内控制度，各岗位不少于二人参与，可以一人多岗，但不得违反不相容岗位相分离的原则。

案例9-6：规范师生伙食费标准，加强食堂收费管理

（一）案例描述

事例一：某地纪委在巡视学校时发现，某寄宿制A学校教师因为要值班，学校领导召开"三重一大"会议，决定该校值班教师在学校早晚餐费只需缴纳1元，中午餐费缴纳2元，但学生买同样的饭菜基本是6元左右。老师少交纳部分算作给老师们的福利。

事例二：某地纪委在巡视学校时发现，某寄宿制B学校按国家规定实施学校领导陪餐制，陪餐记录本上有陪餐记录，但学校食堂账上无陪餐学校领导缴费记录。经核实，陪餐领导吃饭实行免费陪餐，所需费用由食堂补贴。经调查，此行为由校长一人决策。

以上两个事例被纪委调查取证后，因为A学校属于"三重一大"班子会决定，所以对该校党组织书记及参加决策的班子全体成员分别给予警告处分。B学校属于校长决策错误，所以对其给予警告处分。

（二）案例分析

事例一的做法属于典型的老师"吃"学生的伙食费违规行为。违反了《农村义务教育学校食堂管理暂行办法》中要求师生同菜同价的规定。

事例二的做法违反了《农村义务教育学校食堂管理暂行办法》中要求学校领导实施陪餐制度，费用自理的规定。学校负责人应轮流陪餐（餐费自理），做好陪餐记录，及时发现和解决食堂管理中存在的问题和困难。

（三）规范措施

应当依照《农村义务教育学校食堂管理暂行办法》之要求，做到教职工在食堂就餐与学生同菜同价，伙食费据实结算，不得挤占营养改善补助资金，不得侵占学生利益。

本案例原因分析及规范措施如图9-5所示。

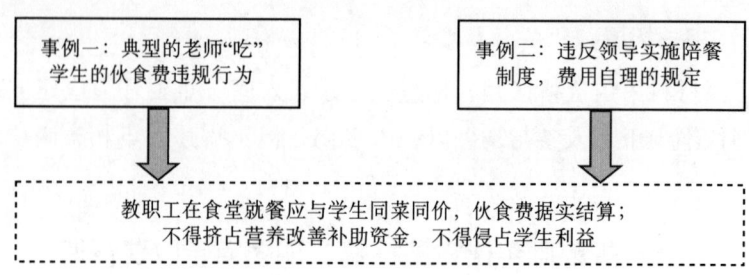

图9-5 原因分析及规范措施

（四）相关拓展

事例一：要以改善学生营养，增强学生身体素质，促进学生健康成长为宗旨，对食堂收支结余进行月度结算，食堂的结余款要专项用于改善学生伙食，严禁用于学校教职工伙食补贴及非食堂经营服务方面的支出。

事例二：各省市中小学校可按国家及本地食堂管理办法规定，在学生就餐时落实校领导带班陪餐、班主任值班和学生轮流值勤制度，维护就餐秩序，做到安全、文明就餐。

案例9-7：规范食堂结余资金管理，严禁违规发放奖励

（一）案例描述

某县寄宿制初中学校，新任校长考虑到初三教师早晚自习工作量较大，欲通过发放加班补助及中考奖励的方法提高大家工作积极性，学校会计说学校公用经费不能列支工作补贴，校长经过思考决定：每学期末利用食堂结余资金给初三老师发放早晚自习加班费及中考奖励，三年时间，共发放补贴23.45万元。县纪委查实后，对该校校长及财务负责人给予警告处分。

（二）案例分析

以上做法违反了《农村义务教育学校食堂管理暂行办法》中不得将应在学校事业经费列支的费用等计入食堂支出的规定，属于超范围支出行为。食堂结余资金只能弥补其他月份的亏损或改善学生伙食，严禁挪作他用。

（三）规范措施

老师的中考奖励及早晚自习加班费应以奖励性绩效形式发放，计入工资支出，不得挤占学生食堂结余资金。

(四)相关拓展

伙食费必须专款专用,教育局可建立信息反馈渠道。设立举报信箱,对违规挪用资金随时查处并通报。

案例9-8:规范食堂用工管理,保障聘用人员合法权益

(一)案例描述

某县第一中学学生食堂雇佣临时工23人,年龄40岁到60岁不等。一直以来,学校以成本为由不给工人交养老及各种保险。2020年9月,食堂工人王某连续工作20年后,年近70岁,各种疾病缠身。学校恐其在学校发生意外给学校带来不利,遂对其进行劝退,王某提出巨额赔偿要求,学校不予答应,王某将该校校长告至县教育局,教育局对该校校长给予诫勉谈话。

(二)案例分析

以上做法违反了《中华人民共和国劳动法》的有关规定。用人单位如在临时性岗位上用工,应当按照劳动保障法规定,与劳动者签订劳动合同并依法为其办理各种社会保险,使其享有有关的福利待遇。同时,对于在本单位连续工作已满10年的"临时工",续订劳动合同时,应当按照《中华人民共和国劳动法》的规定,如果本人要求,应当订立无固定期限的劳动合同,并在劳动合同中明确其工资、保险福利待遇。用人单位及本人应当按照国家规定缴纳社会保险费用,并享受有关保险福利待遇。

(三)规范措施

学校应规范用工行为,按规定给聘用的工人交纳各种保险,或通过劳务派遣公司聘用相关人员。依法依规保障劳动者各项权益。

(四)相关拓展

用人单位与职工全面实行劳动合同制度,用人单位所有职工享有的权利是一样的,更进一步说明"临时工"这种提法不正确,用人单位临时性用工,也应与劳动者签订劳动合同,为其缴纳各种社会保险。"临时工"应称为合同制职工,与其他职工一样,同等享受其应有的福利待遇。

案例9-9：加强食堂经营管理，维护食堂公益原则

（一）案例描述

某县高中食堂采取委托经营管理，学校与 A 市美食餐饮公司签署委托经营合同。合同中约定，由 A 市美食餐饮公司为该校食堂餐厅更换一套容纳1500人吃饭的餐桌、餐椅。同时，每年向学校交管理费5万元。审计中认定，学校违反了食堂不得营利的规定，责令修改相关合同。

（二）案例分析

《中小学校财务制度》第十条规定：中小学校食堂应当坚持公益性和非营利性原则。

学校采用委托方式经营食堂为学生提供就餐服务的，应当加强监督管理，不得向被委托方转嫁建设、修缮等费用。

因此，该校原合同中"每年向学校交管理费5万元"的约定违反了中小学校食堂应当坚持公益性和非营利性原则的规定。同时，"由 A 市美食餐饮公司为该校食堂餐厅更换一套容纳1500人吃饭的餐桌、餐椅"的做法违反了不得向被委托方转嫁建设、修缮等费用的原则。

（三）规范措施

学校与委托方重新签署合同，不得营利，不得向被委托方转嫁建设、修缮等费用。

（四）相关拓展

学校食堂一般应由学校自主经营，统一管理，不得对外承包。在校生规模较大、就餐学生多、不具备自营能力的学校食堂，可在县市区教育局指导下，通过公开竞争择优方式委托有实力、声誉好的社会餐饮企业，实行不带资、控制总利润的托管服务，学校食堂实行"零租赁"，并报县市区教育局备案。

第十章
民办学校

第一节 基本常识及常见问题简述

民办学校是指国家机构以外的社会组织或者个人,利用非国家财政性经费,面向社会依法举办的学校或其他教育机构。

一、民办学校管理的法律依据

民办学校管理的法律依据主要有《中华人民共和国民办教育促进法》(中华人民共和国国务院令第80号)和《中华人民共和国民办教育促进法实施条例》(中华人民共和国国务院令第741号)。

二、民办学校财务管理要求

民办学校应当依照《中华人民共和国会计法》和国家统一的会计制度进行会计核算,编制财务会计报告。

民办学校应当建立办学成本核算制度,基于办学成本和市场需求等因素,遵循公平、合法和诚实信用原则,考虑经济效益与社会效益,按国家规定的政策,依法依规确定收费项目和标准。

民办学校资产中的国有资产的监督、管理,按照国家有关规定执行。

民办学校依法接受的捐赠财产的使用和管理,依照有关法律、行政法规执行。

非营利性民办学校收取费用、开展活动的资金往来,应当使用在有关主管部门备案的账户。有关主管部门应当对该账户实施监督。

营利性民办学校收入应当全部纳入学校开设的银行结算账户，办学结余分配应当在年度财务结算后进行。

实施义务教育的民办学校不得与利益关联方进行交易。其他民办学校与利益关联方进行交易的，应当遵循公开、公平、公允的原则，合理定价、规范决策，不得损害国家利益、学校利益和师生权益。

民办学校应当建立利益关联方交易的信息披露制度。教育、人力资源社会保障以及财政等有关部门应当加强对非营利性民办学校与利益关联方签订协议的监管，并按年度对关联交易进行审查。此处所称利益关联方是指民办学校的举办者、实际控制人、校长、理事、董事、监事、财务负责人等以及与上述组织或者个人之间存在互相控制和影响关系、可能导致民办学校利益被转移的组织或者个人。

在每个会计年度结束时，民办学校应当委托会计师事务所对年度财务报告进行审计。非营利性民办学校应当从经审计的年度非限定性净资产增加额中，营利性民办学校应当从经审计的年度净收益中，按不低于年度非限定性净资产增加额或者净收益的10%的比例提取发展基金，用于学校的发展。

民办学校自己要求终止的，由民办学校组织清算；被审批机关依法撤销的，由审批机关组织清算；因资不抵债无法继续办学而被终止的，由人民法院组织清算。对民办学校的财产按照下列顺序清偿（见图10-1）：

（一）应退受教育者学费、杂费和其他费用；

（二）应发教职工的工资及应缴纳的社会保险费用；

（三）偿还其他债务。

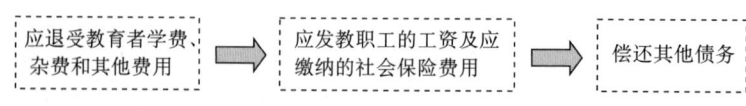

图10-1 民办学校财产清偿顺序

非营利性民办学校清偿上述债务后的剩余财产继续用于其他非营利性学校办学；营利性民办学校清偿上述债务后的剩余财产，依照公司法的有关规定处理。

第二节 相关案例

案例 10-1：规范学费收缴，防止公款截留

（一）案例描述

某民办小学在收取 2021 年春季学期学费时，因为疫情原因，采用二维码扫码缴费，但是收费二维码是学校总务处王主任的个人收费码，家长们在家长群直接扫王主任的个人收费码，把学费存入王主任的个人银行账号，然后截留一部分学费收入不入账，按照举办者意愿将其中一部分学费计入学校财务账。

（二）案例分析

本案例中，由个人银行账号代收学费，严重违反了《中华人民共和国民办教育促进法实施条例》第四十四条"非营利性民办学校收取费用、开展活动的资金往来，应当使用在有关主管部门备案的账户。有关主管部门应当对该账户实施监督。营利性民办学校收入应当全部纳入学校开设的银行结算账户，办学结余分配应当在年度财务结算后进行。"的规定，且学费收入未全额纳入学校收入账户。

（三）规范措施

收取学费应通过学校备案的银行账户，即便是受疫情影响，也不影响学校网上收取学费的工作。

（四）相关拓展

将应归属于单位或组织的资金以私人名义存放，涉嫌违反多项法律法规。《中华人民共和国商业银行法》（2015 年修正）第四十八条规定：任何单位和个人不得将单位的资金以个人名义开立账户存储；《中国共产党纪律处分条例》（2018 年修订）规定：党和国家工作人员或者受委托管理、经营国有财产的人员，利用职务上的便利，侵吞、窃取、骗取或者以其他手段非法占有公共财物，情节较轻的，给予警告或者严重警告处分。情节较重的，给予撤销党内职务或者留党察看处分；情节严重的，给予开除党籍处分。

案例10-2：严格收费项目审批，严禁超范围收费

（一）案例描述

某民办小学在三年级新生入学前，在家长群布置收费工作，收取学费时一并强制收取五花八门的代收费、自收费，项目包括被褥、餐具、特色教学、体育用品、闸机费等。以上收费项目超出了在教育局等主管部门备案的收费范围。

（二）案例分析

学校为在校学生提供学习、生活所需的相关便利服务，以及组织开展研学旅行、课后服务、社会实践等活动，对应由学生或学生家长承担的部分，可根据自愿和非营利原则收取服务性费用。相关服务由学校之外的机构或个人提供的，学校可代收代付相关费用。但是严禁超范围收费（见图10-2）。

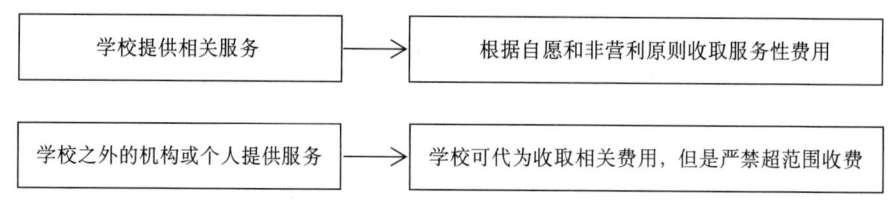

图10-2 案例分析

（三）规范措施

学校在规定范围内代收费用的，必须坚持自愿原则，在收费通知中明示，并给予学生家长自主选择权，不得强制或代为表达意愿。

（四）相关拓展

根据教育部等五部委联合发布的《关于进一步加强和规范教育收费管理的意见》（教财〔2020〕5号），学校在完成正常的保育、教育教学任务外，为在校学生提供学习、生活所需的相关便利服务，以及组织开展研学旅行、课后服务、社会实践等活动，对应由学生或学生家长承担的部分，可根据自愿和非营利原则收取服务性费用。相关服务由学校之外的机构或个人提供的，学校可代收代付相关费用。学校服务性收费和代收费具体政策，由各省制定。国家已明令禁止的或明确规定由财政保障的项目，学校不得擅

自设立服务性收费和代收费项目。不得在代收费中获取差价,不得强制或者暗示学生及家长购买指定的教辅软件或资料,不得通过提前开学等形式或变相违规补课加收相关费用。校内学生宿舍和社会力量举办的校外学生公寓,均不得强制提供相关生活服务或将服务性收费与住宿费捆绑收取。学校自主经营的食堂向自愿就餐的学生收取伙食费,应坚持公益性原则,不得以营利为目的。

案例10-3:加强项目管理,规范财务核算

(一)案例描述

某民办学校为了套取资金,校长指使学校总务主任和会计虚构了一个操场修缮项目,投资8万元,并编制了虚假合同、验收报告等相关资料,报销手续齐全,但勘察现场时发现,该项目是三年前实施的,且已在两年前支付完毕,本次属于重复支付,经查施工单位账目,该资金转移至学校举办者,涉嫌职务侵占,属于犯罪。

(二)案例分析

民办学校虚构业务套取资金属于违反《中华人民共和国会计法》以及《中华人民共和国刑法》的违法行为,必须纠正。

(三)规范措施

学校按真实的业务进行会计核算,不得虚构业务。

(四)相关拓展

《中华人民共和国会计法》第二章第九条规定,各单位必须根据实际发生的经济业务事项进行会计核算,填制会计凭证,登记会计账簿,编制财务会计报告。任何单位不得以虚假的经济业务事项或者资料进行会计核算。

案例10-4:及时发放教师工资,保障教师切身利益

(一)案例描述

某地教育局在检查民办学校时发现,某民办中学与新入职的老师在签署入职协议时,明确规定:入职后当月及次月工资不予发放,作为风险押金,第三个月开始发放工资,扣留的押金一直到教师正式辞职后才能领取。教育

局发现该行为后,对该校进行了通报,为老师们讨回了公道,提前领回了押金。

(二) 案例分析

本案例中,学校的行为违反了《中华人民共和国劳动合同法》第八十四条"……用人单位违反本法规定,以担保或者其他名义向劳动者收取财物的,由劳动行政部门责令限期退还劳动者本人,并以每人五百元以上两千元以下的标准处以罚款;给劳动者造成损害的,应当承担赔偿责任。"的规定,属违法行为。

(三) 规范措施

第一,学校应立即向涉事教师返还被扣发的工资;第二,学校应对内部规章制度进行重检,修改与现行法律法规不符的内部规定;第三,学校可设立专门的合规审查岗或团队,对待生效规章制度进行合规性审查,对已生效规章制度进行定期重建,外部法律法规发生变动时,对在用规章制度进行适应性调整(见表10-1)。

表10-1　　　　　　　　　　规范措施

返还工资	学校应立即向涉事教师返还被扣发的工资
制度重检	对内部规章制度进行重检,修改与现行法律法规不符的内部规定
合规审查	设立专门的合规审查岗或团队,对待生效规章制度进行合规性审查,对已生效规章制度进行定期重建,外部法律法规发生变动时,对在用规章制度进行适应性调整

(四) 相关拓展

《中华人民共和国劳动法》(2018年修正)第五十条规定,工资应当以货币形式按月支付给劳动者本人。不得克扣或者无故拖欠劳动者的工资。"按月支付"既包括工资应当以月薪的形式发放,也包括应当每月支付,因此用人单位应当在自然月结束的30天内结算工资,超过30天即构成拖欠工资。严重的拖欠工资行为可能构成犯罪。如果雇主以转移财产、逃匿等方法,逃避支付劳动者的劳动报酬,或者本来有能力支付却不支付劳动者报酬,在劳动报酬数额较大且经政府有关部门责令支付后仍不支付的情况下,构成犯罪。

案例 10-5：依规缴纳职工社保，维护职工正当权益

（一）案例描述

在对某市民办小学 2020 年账目审计时发现，学校未给部分教师缴纳养老保险及公积金，只是缴纳了意外伤害保险。咨询学校原因，答复是该校规定，必须工作满五年以上的员工才给缴纳养老保险及公积金，审计组将这一情况报告至教育局，教育局对该校校长进行约谈处理，并对该校提出整改要求，要求对所有员工缴纳养老等各类保险及公积金。

（二）案例分析

不缴纳或少缴纳社保属违法行为。《中华人民共和国劳动法》第七十二条规定，"……用人单位和劳动者必须依法参加社会保险，缴纳社会保险费。"学校应停止违法行为，保证劳动者的合法权益。

（三）规范措施

按工资表依据社保规定给教师缴纳各类保险及公积金，保障教师应有的待遇。

（四）相关拓展

如果用人单位未依法给员工缴纳社会保险，将面临以下后果：劳动者因为单位不交社保而解除劳动合同的，可以要求单位支付经济补偿金。一般经济补偿金按照劳动者在单位的实际工作年限计算，满一年支付 1 个月的补偿金。单位不交社保导致劳动者无法享受社会保险待遇而遭受损失的，劳动者可以要求单位赔偿因此造成的损失。

《中华人民共和国民办教育促进法》第三十一条规定，民办学校应当依法保障教职工的工资、福利待遇和其他合法权益，并为教职工缴纳社会保险费。国家鼓励民办学校按照国家规定为教职工办理补充养老保险。

案例 10-6：规范关联交易行为，谨防学校利益受损

（一）案例描述

审计中发现某县一所民办高中，学校举办者注册了 AA 培训公司、AA 劳务公司，经查该校账目显示：该校的所有培训未招标，均由 AA 培训公司承

办,但是培训费价格高于市场价格20%,该校所有的劳务未招标,均由AA劳务公司承办,劳务费价格高于市场价格30%,以上行为被认定为违规的关联交易,侵犯了学校利益。报告县教育局后,被要求进行整改。

(二) 案例分析

按照《中华人民共和国民办教育促进法实施条例》(中华人民共和国国务院令第741号)第四十五条的规定,实施义务教育的民办学校不得与利益关联方进行交易。民办学校进行关联交易的,应当遵循公开、公平、公允的原则,合理定价、规范决策,不得损害国家利益、学校利益和师生权益。

如该学校属于义务教育的民办学校,则关联交易属于被禁止事项;如该学校不属于义务教育的民办学校,应在公开、公平、公允的原则下进行关联交易。本案例中,交易价格高于市场价格,未进行招标或比选,违背了交易原则,应予整改(见图10-3)。

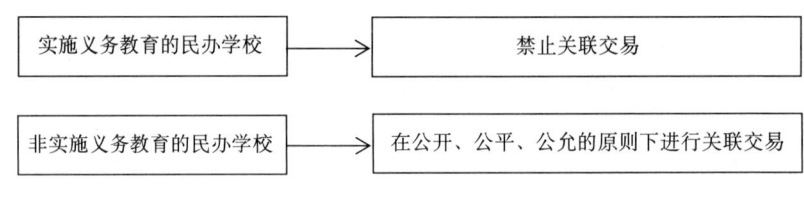

图10-3 案例分析

(三) 规范措施

学校应根据自身教学范围确定是否属于实施义务教育的民办学校,并据此进行内部规章制度的修订,如可进行关联交易,也不得给予关联方任何优于其他供应商的条件。

(四) 相关拓展

民办学校应当建立利益关联方交易的信息披露制度。教育、人力资源社会保障以及财政等有关部门应当加强对非营利性民办学校与利益关联方签订协议的监管,并按年度对关联交易进行审查。此处所称利益关联方是指民办学校的举办者、实际控制人、校长、理事、董事、监事、财务负责人等以及与上述组织或者个人之间存在互相控制和影响关系、可能导致民办学校利益被转移的组织或者个人。

对于营利性民办学校,按照国家工商行政管理总局和教育部联合发布的

《关于营利性民办学校名称登记管理有关工作的通知》(工商企注字〔2017〕156号),营利性民办学校适用《中华人民共和国公司法》与《中华人民共和国民办教育促进法》。《公司法解释五》第一条对实施关联交易转移资产进行了补充规定:控股股东、实际控制人、董事、监事、高级管理人员的关联交易符合公司章程关于程序上的规定,但是如果实质内容损害了公司的利益,公司仍然可以诉讼,要求行为人赔偿损失,同时规定任何股东都可以提起代表诉讼,此举旨在保护小股东的利益,防止大股东利用对公司的控制权损害小股东利益。

而对于非营利性民办学校,其属于非营利性民间组织,适用《民办非企业单位登记管理暂行条例》(中华人民共和国国务院令第251号)。该条例第四章第二十一条规定:民办非企业单位的资产来源必须合法,任何单位和个人不得侵占、私分或者挪用民办非企业单位的资产。

附录 1
《中小学校长财务工作指南》相关适用法规

1. 《中华人民共和国会计法》（主席令〔2017〕第 81 号）
2. 《中华人民共和国预算法》（主席令〔2018〕第 22 号）
3. 《中华人民共和国建筑法》（主席令〔2019〕第 29 号）
4. 《中华人民共和国劳动法》（主席令〔2018〕第 24 号）
5. 《中华人民共和国招标投标法》（主席令〔2017〕第 86 号）
6. 《中华人民共和国政府采购法》（主席令〔2014〕第 14 号）
7. 《中华人民共和国社会保险法》（主席令〔2018〕第 25 号）
8. 《中华人民共和国商业银行法》（主席令〔2015〕第 34 号）
9. 《中华人民共和国公司法》（主席令〔2018〕第 15 号）
10. 《中华人民共和国民办教育促进法》（主席令〔2018〕第 24 号）
11. 《中华人民共和国预算法实施条例》（国务院令〔2020〕第 729 号）
12. 《行政事业性国有资产管理条例》（国务院令〔2021〕第 738 号）
13. 《财政违法行为处罚处分条例》（国务院令〔2004〕第 427 号）
14. 《中华人民共和国招标投标法实施条例》（国务院令〔2017〕第 676 号）
15. 《中华人民共和国民办教育促进法实施条例》（国务院令〔2021〕第 741 号）
16. 《民办非企业单位登记管理暂行条例》（国务院令〔1998〕第 251 号）
17. 《住房公积金管理条例》（国务院令〔2019〕第 710 号）
18. 《中国共产党纪律处分条例》（2018 年修订）
19. 《中华人民共和国监察法实施条例》（国家监察委员会公告〔2021〕第 1 号）

20.《事业单位财务规则》(财政部令〔2022〕第 108 号)

21.《会计基础工作规范》(财政部令〔2019〕第 98 号)

22.《政府会计准则——基本准则》(财政部令〔2015〕第 78 号)

23.《事业单位国有资产管理暂行办法》(财政部令〔2019〕第 100 号)

24.《设立"小金库"和使用"小金库"款项违法违纪行为政纪处分暂行规定》(监察部 人力资源和社会保障部 财政部 审计署令〔2009〕第 19 号)

25.《中小学校财务制度》(财教〔2022〕159 号)

26.《行政事业单位内部控制规范(试行)》(财会〔2012〕第 21 号)

27.《中小学校长经济责任审计实施办法》(教审〔1997〕第 2 号)

28.《教育部关于推进中小学信息公开工作的意见》(教办〔2010〕第 15 号)

29.《财政部关于进一步做好预算执行工作的指导意见》(财预〔2010〕第 11 号)

30.《中共中央 国务院关于全面实施预算绩效管理的意见》(中发〔2018〕34 号)

31. 教育部等五部门印发《关于进一步加强和规范教育收费管理的意见》的通知(教财〔2020〕5 号)

32.《政府非税收入管理办法》(财税〔2016〕33 号)

33.《发改委 教育部关于规范中小学服务性收费和代收费管理有关问题的通知》(发改价格〔2010〕1619 号)

34.《关于做好新型冠状病毒感染肺炎疫情防控期间学生资助工作的通知》(教财司函〔2020〕30 号)

35.《教育收费公示制度》(计价格〔2002〕792 号)

36.《国务院办公厅关于进一步调整优化结构 提高教育经费使用效益的意见》(国办发〔2018〕82 号)

37.《中共中央 国务院关于深化教育教学改革 全面提高义务教育质量的意见》(中发〔2019〕26 号)

38.《人事部 财政部关于统一确保机关事业单位职工工资发放项目的通知》(人发〔2002〕7 号)

39.《财政部关于全面严肃财经纪律 严格中央部门预算管理的通知》(财预〔2016〕126 号)

40.《党政机关厉行节约反对浪费条例》(中发〔2013〕13号)

41.《中央预算单位公务卡管理暂行办法》(财库〔2007〕63号)

42.《财政部关于印发〈政府采购需求管理办法〉的通知》(财库〔2021〕22号)

43.《政府会计准则第3号——固定资产》(财会〔2017〕4号)

44.《国务院办公厅关于清理规范工程建设领域保证金的通知》(国办发〔2016〕49号)

45.《建设工程质量保证金管理办法》(建质〔2017〕138号)

46.《农村义务教育学校食堂管理暂行办法》(教财〔2012〕2号)

47.《国家工商总局 教育部关于营利性民办学校名称登记管理有关工作的通知》(工商企注字〔2017〕156号)

附录 2
《中小学校长财务工作指南》高频适用法规

中小学校财务制度

（财教〔2022〕159号）

第一章 总 则

第一条 为了进一步规范中小学校的财务行为，加强财务管理和监督，提高资金使用效益，促进教育事业健康发展，根据《事业单位财务规则》和国家有关法律制度，结合中小学校特点，制定本制度。

第二条 本制度适用于各级人民政府举办的普通中小学校、中等职业学校（含技工学校）、特殊教育学校、专门学校、成人中学和成人初等学校。

第三条 中小学校财务管理的基本原则是：贯彻执行国家有关法律、法规和财务规章制度；坚持勤俭办学的方针；正确处理事业发展需要和资金供给的关系，社会效益和经济效益的关系，国家、学校和个人三者利益的关系。

第四条 中小学校财务管理的主要任务是：合理编制学校预算，严格预算执行，完整、准确编制学校决算报告和财务报告，真实反映学校预算执行情况、财务状况和运行情况；依法筹集教育经费，努力节约支出；建立健全财务制度，加强经济核算，全面实施绩效管理，提高资金使用效益；加强资产管理，合理配置和有效利用资产，防止资产流失；加强对学校经济活动的财务控制和监督，防范财务风险。

第五条 中小学校的各项经济业务事项按照国家统一的会计制度进行会计核算。

第二章　财务管理体制

第六条　中小学校财务管理实行党组织领导的校长负责制。校长在学校党组织领导下，依法依规管理财务工作，对财务资料的真实性、完整性负责。

第七条　中小学校应当指定专人主管财务工作，配备财务、会计人员，并根据需要合理设置财务部门，对学校的各类经济活动实施管理、核算和监督。

财务主管人员应当依法依规履行职责，参与学校重大建设项目、重要办学资源配置、重要资产处置、大额资金使用等重大事项的决策。

第八条　中小学校财务、会计人员的任职条件、工作职责、任免奖罚、业务培训和专业技术职务岗位设置，应当严格按照国家会计法律制度执行。

财务、会计人员应当熟悉国家财经法律、法规、规章和方针、政策，掌握财会和教育教学业务管理的有关知识。

第九条　中小学校应当以校为单位进行会计核算。实行"集中记账，分校核算"的，不改变学校财务管理权。即在一定区域内，由县级财政和教育部门确定的会计核算机构统一办理区域内中小学校的会计核算。

中小学校应当提升财务信息化管理水平，积极利用现代信息技术，管理学校财务活动。

第十条　中小学校食堂应当坚持公益性和非营利性原则。

学校自主经营食堂为学生提供就餐服务的，财务活动纳入学校财务部门统一管理，可在学校现有账户下分账核算，真实反映收支状况，并定期公开账务。如有结余，应当转入下一会计年度继续使用。

学校采用委托方式经营食堂为学生提供就餐服务的，应当加强监督管理，不得向被委托方转嫁建设、修缮等费用。

学校采用配餐或托餐方式为学生提供就餐服务的，餐费可由学校统一收取并按照代收费管理。

第十一条　非独立核算的勤工俭学、社会服务和经营等项目的财务活动，由学校财务部门统一管理。

义务教育阶段学校按照国家有关规定不得从事经营活动。

第三章 预算管理

第十二条 中小学校预算是指中小学校根据教育事业发展目标和计划编制的年度财务收支计划。

中小学校预算由收入预算和支出预算组成。

第十三条 国家对中小学校实行核定收支、定额或者定项补助、超支不补、结转和结余按规定使用的预算管理办法。定额或者定项补助根据国家有关政策和财力可能，结合教育改革要求、中小学校特点、事业发展目标和计划、学校收支及资产状况等确定。

第十四条 中小学校预算以校为基本编制单位，不具有独立法人资格的学校纳入其所隶属学校统一编制。

预算编制应当坚持量入为出、收支平衡、统筹兼顾、保证重点、勤俭节约和讲求绩效的原则。中小学校不得编制赤字预算。

第十五条 中小学校应当考虑学校维持正常运转和发展的基本需要，参考以前年度的预算执行情况，根据预算年度的收入增减因素和措施，以及以前年度结转和结余情况，积极稳妥地逐项测算编制收入预算草案。

中小学校应当根据学校开展教育教学等活动需要和财力可能，分轻重缓急，编制支出预算草案，按其功能分类编列到项，按其经济性质分类编列到款。

第十六条 中小学校预算由学校根据年度事业发展目标和计划以及预算编制的规定，提出预算建议数，经主管部门审核汇总后报财政部门。学校根据财政部门下达的预算控制数编制预算草案，由主管部门审核汇总报财政部门，经法定程序审核批复后执行。

第十七条 中小学校应当严格执行批准的预算，规范办理收支事项，加强预算执行管理。严禁超预算、无预算安排支出。

第十八条 预算执行中，财政补助收入和财政专户管理资金的预算一般不予调剂。确需调剂的，由中小学校报主管部门审核后报财政部门调剂。其他资金确需调剂的，按照国家有关规定办理。

第十九条 中小学校决算是指中小学校预算收支和结余的年度执行结果。

第二十条 中小学校应当按照规定编制年度决算草案，由主管部门审核汇总后报财政部门审批。

第二十一条　中小学校应当加强决算审核和分析，保证决算数据的真实、准确，规范决算管理工作。

第二十二条　中小学校的预算、决算应当按照财政部门和主管部门统一要求及时向社会公开。

第二十三条　中小学校应当全面加强预算绩效管理，提高资金使用效益。

第四章　收入管理

第二十四条　收入是指中小学校为开展教育教学及其他活动依法取得的非偿还性资金。

第二十五条　中小学校收入包括：

（一）财政补助收入，即中小学校从本级财政部门取得的各类财政拨款。

（二）事业收入，即中小学校开展教育教学及其辅助活动依法取得的收入。其中：按照国家规定应当上缴国库或者财政专户的资金，不计入事业收入；从财政专户核拨给学校的资金和经核准不上缴国库或者财政专户的资金，计入事业收入。

（三）上级补助收入，即中小学校从主管部门和上级单位取得的非财政补助收入。

（四）附属单位上缴收入，即中小学校附属的独立核算单位按照规定上缴学校的收入。

（五）经营收入，即非义务教育阶段学校在教育教学及其辅助活动之外，开展非独立核算经营活动取得的收入。

（六）其他收入，即本条上述规定范围以外的各项收入，包括投资收益、利息收入、捐赠收入、非本级财政补助收入、租金收入等。其中：为在校学生提供课后服务收取的服务性收费收入，计入其他收入。

第二十六条　中小学校应当将各项收入全部纳入学校预算，统一核算，统一管理，未纳入预算的收入不得安排支出。

中小学校严禁设立"小金库"，严禁账外设账，严禁公款私存。

第二十七条　中小学校组织收入应当合法合规，各项收费应当严格执行国家规定的收费范围、收费项目和收费标准，不得擅自扩大收费范围、增加收费项目、提高收费标准。

中小学校对按照规定上缴国库或者财政专户的资金，应当按照国库集中收缴的有关规定及时足额上缴，不得隐瞒、滞留、截留、占用、挪用、拖欠或坐支。

第二十八条 中小学校应当加强票据管理。行政事业性收费和代收费应当按照财务隶属关系使用财政部门监（印）制的财政票据。服务性收费应当使用税务发票。

第五章 支出管理

第二十九条 支出是指中小学校为开展教育教学及其他活动发生的各项资金耗费和损失。

第三十条 中小学校支出包括：

（一）事业支出，即中小学校开展教育教学及其辅助活动发生的基本支出和项目支出。基本支出是指中小学校为保障其正常运转、完成日常工作任务所发生的支出，包括人员经费和公用经费。项目支出是指中小学校为了完成特定工作任务和事业发展目标所发生的支出。

（二）经营支出，即非义务教育阶段学校在教育教学及其辅助活动之外开展非独立核算经营活动发生的支出。

（三）对附属单位补助支出，即中小学校用财政补助收入之外的收入对附属单位补助发生的支出。

（四）上缴上级支出，即中小学校按照财政部门和主管部门的规定上缴上级单位的支出。

（五）其他支出，即本条上述规定范围以外的各项支出，包括利息支出、捐赠支出等。

中小学校可以结合实际，在上述支出分类的基础上，进一步按照教育教学功能细化支出分类。

第三十一条 中小学校应当将各项支出全部纳入学校预算，实行项目库管理，建立健全支出管理制度，未纳入预算项目库的项目一律不得安排预算。

第三十二条 中小学校支出应当坚持厉行节约，严格执行国家有关财务规章制度规定的开支范围及开支标准；国家有关财务规章制度没有统一规定的，由学校结合本校情况规定，报主管部门和财政部门备案。学校规定违反法律制度和国家政策的，主管部门和财政部门应当责令改正。

中小学校应当加强支出管理，基本支出、项目支出不得混用，公用经费、人员经费不得混用。项目支出应当按照规定专款专用，不得挤占和挪用。

第三十三条　非义务教育阶段学校开展非独立核算经营活动，应当以不影响正常教育教学活动为前提。在开展非独立核算经营活动中，应当加强经济核算，正确归集实际发生的各项费用；不能直接归集的，应当按照规定的比例合理分摊。

经营支出应当与经营收入配比。

第三十四条　中小学校从财政部门和主管部门取得的有指定项目和用途的专项资金，应当专款专用、单独核算，并按照规定报送专项资金使用情况报告，接受财政部门或者主管部门的检查、验收。

第三十五条　中小学校应当加强经济核算，可以根据开展业务活动及其他活动的实际需要，实行成本核算。成本核算的具体办法按照国务院财政部门相关规定执行。

第三十六条　中小学校各项支出应当按照实际发生数列支，不得虚列虚报，不得以计划数和预算数代替。

第三十七条　中小学校应当严格执行国库集中支付制度和政府采购制度等有关规定。

第三十八条　中小学校应当依法加强各类票据管理，确保票据来源合法、内容真实、使用正确，不得使用虚假票据。

第六章　结转和结余管理

第三十九条　结转和结余是指中小学校年度收入与支出相抵后的余额。

结转资金是指当年预算已执行但未完成，或者因故未执行，下一年度需要按照原用途继续使用的资金。结余资金是指当年预算工作目标已完成，或者因故终止，当年剩余的资金。

经营收支结转和结余应当单独反映。

第四十条　财政拨款结转和结余的管理，应当按照国家有关规定执行。

第四十一条　非财政拨款结转按照规定结转下一年度继续使用。非财政拨款结余可以按照国家有关规定提取职工福利基金，剩余部分用于弥补以后年度学校收支差额；国家另有规定的，从其规定。

第四十二条　中小学校应当加强非财政拨款结余的管理，盘活存量，统筹安排、合理使用，支出不得超出非财政拨款结余规模。

第七章 专用基金管理

第四十三条 专用基金是指中小学校按照规定提取或者设置的有专门用途的资金。

专用基金管理应当遵循先提后用、专款专用的原则，支出不得超出基金规模。

第四十四条 专用基金包括职工福利基金、奖助学基金和其他专用基金。

（一）职工福利基金，即按照非财政拨款结余的一定比例提取以及按照其他规定提取转入，用于职工集体福利设施、集体福利待遇等的资金。

（二）奖助学基金，即接受社会捐赠和按照规定从事业收入中提取转入，用于奖励、资助学生的资金。

（三）其他专用基金，即按照其他有关规定，根据事业发展需要提取或者设置的专用资金。

第四十五条 中小学校应当将专用基金纳入预算管理，结合实际需要按照规定提取，保持合理规模，提高使用效益。除奖助学基金外，专用基金余额较多的，应当降低提取比例或者暂停提取；确需调整用途的，由主管部门会同本级财政部门确定。

第四十六条 各项基金的提取比例和管理办法，国家有统一规定的，按照统一规定执行；没有统一规定的，由主管部门会同本级财政部门确定。

第八章 资产管理

第四十七条 资产是指中小学校依法直接支配的各类经济资源。包括流动资产、固定资产、在建工程、无形资产、对外投资、文物文化资产等。

第四十八条 中小学校应当建立健全资产管理制度，明确资产使用人和管理人的岗位责任，按照国家规定设国有资产台账，加强和规范资产配置、使用和处置管理，维护资产安全完整，提高资产使用效率。涉及资产评估的，按照国家有关规定执行。

中小学校应当汇总编制学校行政事业性国有资产管理情况报告。

中小学校应当定期或者不定期对资产进行盘点、对账。出现资产盘盈盘亏的，应当按照财务、会计和资产管理制度有关规定处理，做到账实相符和账账相符。

中小学校对需要办理权属登记的资产应当依法及时办理。

第四十九条 中小学校应当根据依法履行职能和事业发展的需要，结合资产存量、资产配置标准、绩效目标和财政承受能力配置资产。优先通过调剂方式配置资产，不能调剂的，可以采用购置、建设、租用等方式。

第五十条 流动资产是指可以在一年以内变现或者耗用的资产，包括现金、各种存款、应收及预付款项、存货等。

应收及预付款项是指中小学校在开展教育教学和其他活动过程中形成的各项债权，包括应收账款、应收票据、预付账款和其他应收款等。

存货是指中小学校在开展教育教学活动及其他活动中为耗用或出售而储存的资产，包括材料、燃料、包装物和低值易耗品以及未达到固定资产标准的用具、装具、动植物等。

第五十一条 中小学校应当按照国家有关规定开设基本存款账户和零余额账户，建立健全现金及各种存款的内部管理制度，加强资金监督管理；对应收及预付款项应当及时清理结算，不得长期挂账；规范存货领用制度，提高资产使用效益。

中小学校货币性资产损失核销，应当经主管部门审核同意后报本级财政部门审批。

第五十二条 固定资产是指使用期限超过一年，单位价值在1000元以上，并在使用过程中基本保持原有物质形态的资产。单位价值虽未达到规定标准，但是耐用时间在一年以上的大批同类物资，作为固定资产管理。

中小学校固定资产明细目录由教育部制定，报财政部备案。

第五十三条 在建工程是指已经发生必要支出，但尚未达到交付使用状态的建设工程。

在建工程达到交付使用状态时，应当按照规定办理工程竣工财务决算和资产交付使用，期限最长不得超过1年。

第五十四条 无形资产是指不具有实物形态而能为使用者提供某种权利的资产，包括专利权、商标权、著作权、土地使用权、非专利技术以及其他财产权利。

中小学校转让无形资产取得的收入、取得无形资产发生的支出，应当按照国家有关规定处理。

第五十五条 对外投资是指非义务教育阶段学校依法利用货币资金、实物、无形资产等方式向其他单位的投资。

非义务教育阶段学校应当严格控制对外投资。利用国有资产对外投资应当有利于事业发展和实现国有资产保值增值，符合国家有关规定，经可行性研究和集体决策，按照规定的权限和程序进行。不得使用财政拨款及其结余进行对外投资，不得从事股票、期货、基金、企业债券等投资。

非义务教育阶段学校应当明确对外投资形成的股权及其相关权益管理责任，按照国家有关规定将对外投资形成的股权纳入经营性国有资产集中统一监管体系。

义务教育阶段学校不得对外投资。

第五十六条 中小学校文物文化资产等资产管理的具体办法，由国务院财政部门会同有关部门制定。

第五十七条 在满足学校正常教育教学活动的前提下，中小学校可以出租、出借资产。

中小学校出租、出借资产应当进行必要的可行性论证，严格履行相关审批程序。

第五十八条 中小学校资产处置是指学校对其占有、使用的资产，进行产权转让或者注销产权的行为，包括出售、出让、转让、对外捐赠、报废、报损以及货币性资产损失核销等。

中小学校资产处置应当遵循公开、公平、公正和竞争、择优的原则，严格履行相关审批程序。

第五十九条 中小学校资产处置收入应当按照国家有关规定，实行"收支两条线"管理。

第六十条 中小学校长期闲置、低效运转或者超标准配置的国有资产，应当由主管部门进行调剂，并报本级财政部门备案。

第六十一条 中小学校应当在确保安全使用的前提下，推进学校大型设备等国有资产共享共用工作，可收取合理补偿。所取得的共享共用补偿收入应当纳入学校预算，统一管理。

第九章 负债管理

第六十二条 负债是指中小学校所承担的能以货币计量，需要以资产或者劳务偿还的债务。

第六十三条　中小学校的负债包括借入款项、应付款项、应缴款项、代管款项等。

借入款项是指非义务教育阶段学校经批准从银行等金融机构借入的短期或者长期借款。

应付款项包括中小学校应付票据、应付账款、其他应付款和预收账款等。

应缴款项包括中小学校收取的应当上缴国库或者财政专户的资金、应缴税费，以及其他按照国家有关规定应当上缴的款项。

代管款项是指中小学校接受委托代为管理的各类款项。

第六十四条　中小学校应当对不同性质的负债分类管理，及时清理并按照规定办理结算，保证各项负债在规定期限内偿还。

第六十五条　中小学校应当建立健全财务风险预警和控制机制，规范和加强借入款项管理，如实反映依法举借债务情况，严格执行审批程序。

严禁义务教育阶段学校举借债务，非义务教育阶段学校不得违反规定举借债务。

中小学校不得提供担保，不得替地方政府及其部门举债融资。

第十章　财务清算

第六十六条　经国家有关部门批准，中小学校发生划转、撤销、合并、分立时，应当进行清算。

第六十七条　中小学校财务清算，应当在主管部门和财政部门的监督指导下，对学校的财产、债权、债务等进行全面清理，编制财产目录和债权、债务清单以及清算财务报告，全面反映学校的财务状况和清算损益，提出财产作价依据和债权、债务处理办法，做好资产和负债的移交、接收、划转和管理工作，并妥善处理各项遗留问题。

第六十八条　中小学校财务清算结束后，经主管部门审核并报财政部门批准，其资产和负债分别按照下列办法处理：

（一）因隶属关系改变，成建制划转的中小学校，全部资产和负债无偿移交，并相应划转经费指标。

（二）撤销的中小学校，全部资产和负债由主管部门和财政部门核准处理。

（三）合并的中小学校，全部资产和负债移交接收单位或者新组建单位，合并后多余的资产由主管部门和财政部门核准处理。

（四）分立的中小学校，全部资产和负债按照有关规定移交分立后的中小学校，并相应划转经费指标。

第十一章 财务报告和决算报告

第六十九条 中小学校应当按国家有关规定向主管部门和财政部门以及其他有关的报告使用者提供财务报告、决算报告。

中小学校财务会计和预算会计要素的确认、计量、记录、报告应当遵循政府会计准则制度的规定。

第七十条 财务报告主要以权责发生制为基础编制，综合反映学校特定日期财务状况和一定时期运行情况等信息。

第七十一条 财务报告由财务报表和财务分析两部分组成。财务报表主要包括资产负债表、收入费用表等会计报表和报表附注。财务分析的内容主要包括财务状况分析、运行情况分析和财务管理情况等。

第七十二条 决算报告主要以收付实现制为基础编制，综合反映学校年度预算收支执行结果等信息。

第七十三条 决算报告由决算报表和决算分析两部分组成。决算报表主要包括收入支出表、财政拨款收入支出表等。决算分析的内容主要包括收支预算执行分析、资金使用效益分析和机构人员情况等。

第十二章 财务监督

第七十四条 中小学校财务监督的主要内容包括：

（一）预、决算编制的科学性、真实性、完整性和预算执行的时效性、均衡性；

（二）各项收入、支出的合法性、合规性；

（三）结转和结余资金以及专用基金管理的合规性；

（四）资产管理的安全性、完整性、合规性、有效性；

（五）负债的合规性和风险性；

（六）学生人数、教职工人数等基础数据的真实性、准确性和完整性。

第七十五条 中小学校财务监督应当实行事前监督、事中监督、事后监督相结合，日常监督与专项监督相结合。

第七十六条　中小学校应当建立健全内部控制制度、经济责任制度、财务信息披露制度等监督制度，按规定编制和报送内部控制报告，规范学校各项经济活动，依法公开财务信息。

第七十七条　中小学校应当遵守财经纪律和财务制度，依法接受主管部门和财政、审计等部门的监督。

第七十八条　中小学校及其工作人员存在违反本制度规定的行为，以及其他滥用职权、玩忽职守、徇私舞弊等违法违规行为的，依法追究相应责任。

第十三章　附　　则

第七十九条　中小学校基本建设投资的财务管理，应当执行本制度，但国家基本建设投资财务管理制度另有规定的，从其规定。

第八十条　纳入企业财务管理体系的中小学校，以及独立核算的中小学校校办企业，执行企业财务制度，不执行本制度。

第八十一条　政府举办的幼儿园依照本制度执行。

社会力量举办的普通中小学校、中等职业学校（含技工学校）、特殊教育学校、专门学校、成人中学、成人初等学校和幼儿园可以参照本制度执行。

第八十二条　各省、自治区、直辖市人民政府财政部门、教育部门可以根据本制度，结合本地区实际情况，制定具体财务管理办法或者补充规定。

第八十三条　中小学校应当根据本制度结合学校实际情况制定内部财务管理办法，报主管部门备案。

第八十四条　本制度自 2022 年 9 月 1 日起施行。财政部、教育部 2012 年 12 月 21 日颁布的《中小学校财务制度》（财教〔2012〕489 号）同时废止。

行政事业单位内部控制规范(试行)

(财会〔2012〕21号)

第一章 总　则

第一条　为了进一步提高行政事业单位内部管理水平,规范内部控制,加强廉政风险防控机制建设,根据《中华人民共和国会计法》《中华人民共和国预算法》等法律法规和相关规定,制定本规范。

第二条　本规范适用于各级党的机关、人大机关、行政机关、政协机关、审判机关、检察机关、各民主党派机关、人民团体和事业单位(以下统称单位)经济活动的内部控制。

第三条　本规范所称内部控制,是指单位为实现控制目标,通过制定制度、实施措施和执行程序,对经济活动的风险进行防范和管控。

第四条　单位内部控制的目标主要包括:合理保证单位经济活动合法合规、资产安全和使用有效、财务信息真实完整,有效防范舞弊和预防腐败,提高公共服务的效率和效果。

第五条　单位建立与实施内部控制,应当遵循下列原则:

(一)全面性原则。内部控制应当贯穿单位经济活动的决策、执行和监督全过程,实现对经济活动的全面控制。

(二)重要性原则。在全面控制的基础上,内部控制应当关注单位重要经济活动和经济活动的重大风险。

(三)制衡性原则。内部控制应当在单位内部的部门管理、职责分工、业务流程等方面形成相互制约和相互监督。

(四)适应性原则。内部控制应当符合国家有关规定和单位的实际情况,并随着外部环境的变化、单位经济活动的调整和管理要求的提高,不断修订和完善。

第六条　单位负责人对本单位内部控制的建立健全和有效实施负责。

第七条　单位应当根据本规范建立适合本单位实际情况的内部控制体系,

并组织实施。具体工作包括梳理单位各类经济活动的业务流程，明确业务环节，系统分析经济活动风险，确定风险点，选择风险应对策略，在此基础上根据国家有关规定建立健全单位各项内部管理制度并督促相关工作人员认真执行。

第二章 风险评估和控制方法

第八条 单位应当建立经济活动风险定期评估机制，对经济活动存在的风险进行全面、系统和客观评估。

经济活动风险评估至少每年进行一次；外部环境、经济活动或管理要求等发生重大变化的，应及时对经济活动风险进行重估。

第九条 单位开展经济活动风险评估应当成立风险评估工作小组，单位领导担任组长。

经济活动风险评估结果应当形成书面报告并及时提交单位领导班子，作为完善内部控制的依据。

第十条 单位进行单位层面的风险评估时，应当重点关注以下方面：

（一）内部控制工作的组织情况。包括是否确定内部控制职能部门或牵头部门；是否建立单位各部门在内部控制中的沟通协调和联动机制。

（二）内部控制机制的建设情况。包括经济活动的决策、执行、监督是否实现有效分离；权责是否对等；是否建立健全议事决策机制、岗位责任制、内部监督等机制。

（三）内部管理制度的完善情况。包括内部管理制度是否健全；执行是否有效。

（四）内部控制关键岗位工作人员的管理情况。包括是否建立工作人员的培训、评价、轮岗等机制；工作人员是否具备相应的资格和能力。

（五）财务信息的编报情况。包括是否按照国家统一的会计制度对经济业务事项进行账务处理；是否按照国家统一的会计制度编制财务会计报告。

（六）其他情况。

第十一条 单位进行经济活动业务层面的风险评估时，应当重点关注以下方面：

（一）预算管理情况。包括在预算编制过程中单位内部各部门间沟通协调是否充分，预算编制与资产配置是否相结合、与具体工作是否相对应；是否按照批复的额度和开支范围执行预算,进度是否合理,是否存在无预算、超预算支出等问题;决算编报是否真实、完整、准确、及时。

(二)收支管理情况。包括收入是否实现归口管理,是否按照规定及时向财会部门提供收入的有关凭据,是否按照规定保管和使用印章和票据等;发生支出事项时是否按照规定审核各类凭据的真实性、合法性,是否存在使用虚假票据套取资金的情形。

(三)政府采购管理情况。包括是否按照预算和计划组织政府采购业务;是否按照规定组织政府采购活动和执行验收程序;是否按照规定保存政府采购业务相关档案。

(四)资产管理情况。包括是否实现资产归口管理并明确使用责任;是否定期对资产进行清查盘点,对账实不符的情况及时进行处理;是否按照规定处置资产。

(五)建设项目管理情况。包括是否按照概算投资;是否严格履行审核审批程序;是否建立有效的招投标控制机制;是否存在截留、挤占、挪用、套取建设项目资金的情形;是否按照规定保存建设项目相关档案并及时办理移交手续。

(六)合同管理情况。包括是否实现合同归口管理;是否明确应签订合同的经济活动范围和条件;是否有效监控合同履行情况,是否建立合同纠纷协调机制。

(七)其他情况。

第十二条 单位内部控制的控制方法一般包括:

(一)不相容岗位相互分离。合理设置内部控制关键岗位,明确划分职责权限,实施相应的分离措施,形成相互制约、相互监督的工作机制。

(二)内部授权审批控制。明确各岗位办理业务和事项的权限范围、审批程序和相关责任,建立重大事项集体决策和会签制度。相关工作人员应当在授权范围内行使职权、办理业务。

(三)归口管理。根据本单位实际情况,按照权责对等的原则,采取成立联合工作小组并确定牵头部门或牵头人员等方式,对有关经济活动实行统一管理。

(四)预算控制。强化对经济活动的预算约束,使预算管理贯穿于单位经济活动的全过程。

（五）财产保护控制。建立资产日常管理制度和定期清查机制，采取资产记录、实物保管、定期盘点、账实核对等措施，确保资产安全完整。

（六）会计控制。建立健全本单位财会管理制度，加强会计机构建设，提高会计人员业务水平，强化会计人员岗位责任制，规范会计基础工作，加强会计档案管理，明确会计凭证、会计账簿和财务会计报告处理程序。

（七）单据控制。要求单位根据国家有关规定和单位的经济活动业务流程，在内部管理制度中明确界定各项经济活动所涉及的表单和票据，要求相关工作人员按照规定填制、审核、归档、保管单据。

（八）信息内部公开。建立健全经济活动相关信息内部公开制度，根据国家有关规定和单位的实际情况，确定信息内部公开的内容、范围、方式和程序。

第三章　单位层面内部控制

第十三条　单位应当单独设置内部控制职能部门或者确定内部控制牵头部门，负责组织协调内部控制工作。同时，应当充分发挥财会、内部审计、纪检监察、政府采购、基建、资产管理等部门或岗位在内部控制中的作用。

第十四条　单位经济活动的决策、执行和监督应当相互分离。

单位应当建立健全集体研究、专家论证和技术咨询相结合的议事决策机制。

重大经济事项的内部决策，应当由单位领导班子集体研究决定。重大经济事项的认定标准应当根据有关规定和本单位实际情况确定，一经确定，不得随意变更。

第十五条　单位应当建立健全内部控制关键岗位责任制，明确岗位职责及分工，确保不相容岗位相互分离、相互制约和相互监督。

单位应当实行内部控制关键岗位工作人员的轮岗制度，明确轮岗周期。不具备轮岗条件的单位应当采取专项审计等控制措施。

内部控制关键岗位主要包括预算业务管理、收支业务管理、政府采购业务管理、资产管理、建设项目管理、合同管理以及内部监督等经济活动的关键岗位。

第十六条　内部控制关键岗位工作人员应当具备与其工作岗位相适应的资格和能力。

单位应当加强内部控制关键岗位工作人员业务培训和职业道德教育,不断提升其业务水平和综合素质。

第十七条 单位应当根据《中华人民共和国会计法》的规定建立会计机构,配备具有相应资格和能力的会计人员。

单位应当根据实际发生的经济业务事项按照国家统一的会计制度及时进行账务处理、编制财务会计报告,确保财务信息真实、完整。

第十八条 单位应当充分运用现代科学技术手段加强内部控制。对信息系统建设实施归口管理,将经济活动及其内部控制流程嵌入单位信息系统中,减少或消除人为操纵因素,保护信息安全。

第四章 业务层面内部控制

第一节 预算业务控制

第十九条 单位应当建立健全预算编制、审批、执行、决算与评价等预算内部管理制度。

单位应当合理设置岗位,明确相关岗位的职责权限,确保预算编制、审批、执行、评价等不相容岗位相互分离。

第二十条 单位的预算编制应当做到程序规范、方法科学、编制及时、内容完整、项目细化、数据准确。

(一)单位应当正确把握预算编制有关政策,确保预算编制相关人员及时全面掌握相关规定。

(二)单位应当建立内部预算编制、预算执行、资产管理、基建管理、人事管理等部门或岗位的沟通协调机制,按照规定进行项目评审,确保预算编制部门及时取得和有效运用与预算编制相关的信息,根据工作计划细化预算编制,提高预算编制的科学性。

第二十一条 单位应当根据内设部门的职责和分工,对按照法定程序批复的预算在单位内部进行指标分解、审批下达,规范内部预算追加调整程序,发挥预算对经济活动的管控作用。

第二十二条 单位应当根据批复的预算安排各项收支,确保预算严格有效执行。

单位应当建立预算执行分析机制。定期通报各部门预算执行情况,召开预算执行分析会议,研究解决预算执行中存在的问题,提出规范措施,提高预算执行的有效性。

第二十三条 单位应当加强决算管理，确保决算真实、完整、准确、及时，加强决算分析工作，强化决算分析结果运用，建立健全单位预算与决算相互反映、相互促进的机制。

第二十四条 单位应当加强预算绩效管理，建立"预算编制有目标、预算执行有监控、预算完成有评价、评价结果有反馈、反馈结果有应用"的全过程预算绩效管理机制。

第二节　收支业务控制

第二十五条 单位应当建立健全收入内部管理制度。

单位应当合理设置岗位，明确相关岗位的职责权限，确保收款、会计核算等不相容岗位相互分离。

第二十六条 单位的各项收入应当由财会部门归口管理并进行会计核算，严禁设立账外账。

业务部门应当在涉及收入的合同协议签订后及时将合同等有关材料提交财会部门作为账务处理依据，确保各项收入应收尽收，及时入账。财会部门应当定期检查收入金额是否与合同约定相符；对应收未收项目应当查明情况，明确责任主体，落实催收责任。

第二十七条 有政府非税收入收缴职能的单位，应当按照规定项目和标准征收政府非税收入，按照规定开具财政票据，做到收缴分离、票款一致，并及时、足额上缴国库或财政专户，不得以任何形式截留、挪用或者私分。

第二十八条 单位应当建立健全票据管理制度。财政票据、发票等各类票据的申领、启用、核销、销毁均应履行规定手续。单位应当按照规定设置票据专管员，建立票据台账，做好票据的保管和序时登记工作。票据应当按照顺序号使用，不得拆本使用，做好废旧票据管理。负责保管票据的人员要配置单独的保险柜等保管设备，并做到人走柜锁。

单位不得违反规定转让、出借、代开、买卖财政票据、发票等票据，不得擅自扩大票据适用范围。

第二十九条 单位应当建立健全支出内部管理制度，确定单位经济活动的各项支出标准，明确支出报销流程，按照规定办理支出事项。

单位应当合理设置岗位，明确相关岗位的职责权限，确保支出申请和内部审批、付款审批和付款执行、业务经办和会计核算等不相容岗位相互分离。

第三十条 单位应当按照支出业务的类型，明确内部审批、审核、支付、核算和归档等支出各关键岗位的职责权限。实行国库集中支付的，应当严格按照财政国库管理制度有关规定执行。

（一）加强支出审批控制。明确支出的内部审批权限、程序、责任和相关控制措施。审批人应当在授权范围内审批，不得越权审批。

（二）加强支出审核控制。全面审核各类单据。重点审核单据来源是否合法，内容是否真实、完整，使用是否准确，是否符合预算，审批手续是否齐全。

支出凭证应当附反映支出明细内容的原始单据，并由经办人员签字或盖章，超出规定标准的支出事项应由经办人员说明原因并附审批依据，确保与经济业务事项相符。

（三）加强支付控制。明确报销业务流程，按照规定办理资金支付手续。签发的支付凭证应当进行登记。使用公务卡结算的，应当按照公务卡使用和管理有关规定办理业务。

（四）加强支出的核算和归档控制。由财会部门根据支出凭证及时准确登记账簿；与支出业务相关的合同等材料应当提交财会部门作为账务处理的依据。

第三十一条 根据国家规定可以举借债务的单位应当建立健全债务内部管理制度，明确债务管理岗位的职责权限，不得由一人办理债务业务的全过程。大额债务的举借和偿还属于重大经济事项，应当进行充分论证，并由单位领导班子集体研究决定。

单位应当做好债务的会计核算和档案保管工作。加强债务的对账和检查控制，定期与债权人核对债务余额，进行债务清理，防范和控制财务风险。

第三节 政府采购业务控制

第三十二条 单位应当建立健全政府采购预算与计划管理、政府采购活动管理、验收管理等政府采购内部管理制度。

第三十三条 单位应当明确相关岗位的职责权限，确保政府采购需求制定与内部审批、招标文件准备与复核、合同签订与验收、验收与保管等不相容岗位相互分离。

第三十四条 单位应当加强对政府采购业务预算与计划的管理。建立预算编制、政府采购和资产管理等部门或岗位之间的沟通协调机制。根据本单位实际需求和相关标准编制政府采购预算，按照已批复的预算安排政府采购计划。

第三十五条 单位应当加强对政府采购活动的管理。对政府采购活动实施归口管理，在政府采购活动中建立政府采购、资产管理、财会、内部审计、纪检监察等部门或岗位相互协调、相互制约的机制。

单位应当加强对政府采购申请的内部审核，按照规定选择政府采购方式、发布政府采购信息。对政府采购进口产品、变更政府采购方式等事项应当加强内部审核，严格履行审批手续。

第三十六条 单位应当加强对政府采购项目验收的管理。根据规定的验收制度和政府采购文件，由指定部门或专人对所购物品的品种、规格、数量、质量和其他相关内容进行验收，并出具验收证明。

第三十七条 单位应当加强对政府采购业务质疑投诉答复的管理。指定牵头部门负责、相关部门参加，按照国家有关规定做好政府采购业务质疑投诉答复工作。

第三十八条 单位应当加强对政府采购业务的记录控制。妥善保管政府采购预算与计划、各类批复文件、招标文件、投标文件、评标文件、合同文本、验收证明等政府采购业务相关资料。定期对政府采购业务信息进行分类统计，并在内部进行通报。

第三十九条 单位应当加强对涉密政府采购项目安全保密的管理。对于涉密政府采购项目，单位应当与相关供应商或采购中介机构签订保密协议或者在合同中设定保密条款。

第四节 资产控制

第四十条 单位应当对资产实行分类管理，建立健全资产内部管理制度。

单位应当合理设置岗位，明确相关岗位的职责权限，确保资产安全和有效使用。

第四十一条 单位应当建立健全货币资金管理岗位责任制，合理设置岗位，不得由一人办理货币资金业务的全过程，确保不相容岗位相互分离。

（一）出纳不得兼管稽核、会计档案保管和收入、支出、债权、债务账目的登记工作。

（二）严禁一人保管收付款项所需的全部印章。财务专用章应当由专人保管，个人名章应当由本人或其授权人员保管。负责保管印章的人员要配置单独的保管设备,并做到人走柜锁。

(三)按照规定应当由有关负责人签字或盖章的,应当严格履行签字或盖章手续。

第四十二条 单位应当加强对银行账户的管理,严格按照规定的审批权限和程序开立、变更和撤销银行账户。

第四十三条 单位应当加强货币资金的核查控制。指定不办理货币资金业务的会计人员定期和不定期抽查盘点库存现金,核对银行存款余额,抽查银行对账单、银行日记账及银行存款余额调节表,核对是否账实相符、账账相符。对调节不符、可能存在重大问题的未达账项应当及时查明原因,并按照相关规定处理。

第四十四条 单位应当加强对实物资产和无形资产的管理,明确相关部门和岗位的职责权限,强化对配置、使用和处置等关键环节的管控。

(一)对资产实施归口管理。明确资产使用和保管责任人,落实资产使用人在资产管理中的责任。贵重资产、危险资产、有保密等特殊要求的资产,应当指定专人保管、专人使用,并规定严格的接触限制条件和审批程序。

(二)按照国有资产管理相关规定,明确资产的调剂、租借、对外投资、处置的程序、审批权限和责任。

(三)建立资产台账,加强资产的实物管理。单位应当定期清查盘点资产,确保账实相符。财会、资产管理、资产使用等部门或岗位应当定期对账,发现不符的,应当及时查明原因,并按照相关规定处理。

(四)建立资产信息管理系统,做好资产的统计、报告、分析工作,实现对资产的动态管理。

第四十五条 单位应当根据国家有关规定加强对对外投资的管理。

(一)合理设置岗位,明确相关岗位的职责权限,确保对外投资的可行性研究与评估、对外投资决策与执行、对外投资处置的审批与执行等不相容岗位相互分离。

(二)单位对外投资,应当由单位领导班子集体研究决定。

(三)加强对投资项目的追踪管理,及时、全面、准确地记录对外投资的价值变动和投资收益情况。

(四)建立责任追究制度。对在对外投资中出现重大决策失误、未履行集体决策程序和不按规定执行对外投资业务的部门及人员,应当追究相应的责任。

第五节 建设项目控制

第四十六条 单位应当建立健全建设项目内部管理制度。

单位应当合理设置岗位,明确内部相关部门和岗位的职责权限,确保项目建议和可行性研究与项目决策、概预算编制与审核、项目实施与价款支付、竣工决算与竣工审计等不相容岗位相互分离。

第四十七条 单位应当建立与建设项目相关的议事决策机制,严禁任何个人单独决策或者擅自改变集体决策意见。决策过程及各方面意见应当形成书面文件,与相关资料一同妥善归档保管。

第四十八条 单位应当建立与建设项目相关的审核机制。项目建议书、可行性研究报告、概预算、竣工决算报告等应当由单位内部的规划、技术、财会、法律等相关工作人员或者根据国家有关规定委托具有相应资质的中介机构进行审核,出具评审意见。

第四十九条 单位应当依据国家有关规定组织建设项目招标工作,并接受有关部门的监督。

单位应当采取签订保密协议、限制接触等必要措施,确保标底编制、评标等工作在严格保密的情况下进行。

第五十条 单位应当按照审批单位下达的投资计划和预算对建设项目资金实行专款专用,严禁截留、挪用和超批复内容使用资金。

财会部门应当加强与建设项目承建单位的沟通,准确掌握建设进度,加强价款支付审核,按照规定办理价款结算。实行国库集中支付的建设项目,单位应当按照财政国库管理制度相关规定支付资金。

第五十一条 单位应当加强对建设项目档案的管理。做好相关文件、材料的收集、整理、归档和保管工作。

第五十二条 经批准的投资概算是工程投资的最高限额,如有调整,应当按照国家有关规定报经批准。

单位建设项目工程洽商和设计变更应当按照有关规定履行相应的审批程序。

第五十三条 建设项目竣工后,单位应当按照规定的时限及时办理竣工决算,组织竣工决算审计,并根据批复的竣工决算和有关规定办理建设项目档案和资产移交等工作。

建设项目已实际投入使用但超时限未办理竣工决算的,单位应当根据对建设项目的实际投资暂估入账，转作相关资产管理。

第六节 合同控制

第五十四条 单位应当建立健全合同内部管理制度。

单位应当合理设置岗位，明确合同的授权审批和签署权限，妥善保管和使用合同专用章，严禁未经授权擅自以单位名义对外签订合同，严禁违规签订担保、投资和借贷合同。

单位应当对合同实施归口管理，建立财会部门与合同归口管理部门的沟通协调机制，实现合同管理与预算管理、收支管理相结合。

第五十五条 单位应当加强对合同订立的管理，明确合同订立的范围和条件。对于影响重大、涉及较高专业技术或法律关系复杂的合同，应当组织法律、技术、财会等工作人员参与谈判，必要时可聘请外部专家参与相关工作。谈判过程中的重要事项和参与谈判人员的主要意见，应当予以记录并妥善保管。

第五十六条 单位应当对合同履行情况实施有效监控。合同履行过程中，因对方或单位自身原因导致可能无法按时履行的，应当及时采取应对措施。

单位应当建立合同履行监督审查制度。对合同履行中签订补充合同，或变更、解除合同等应当按照国家有关规定进行审查。

第五十七条 财会部门应当根据合同履行情况办理价款结算和进行账务处理。未按照合同条款履约的，财会部门应当在付款之前向单位有关负责人报告。

第五十八条 合同归口管理部门应当加强对合同登记的管理，定期对合同进行统计、分类和归档，详细登记合同的订立、履行和变更情况，实行对合同的全过程管理。与单位经济活动相关的合同应当同时提交财会部门作为账务处理的依据。

单位应当加强合同信息安全保密工作，未经批准，不得以任何形式泄露合同订立与履行过程中涉及的国家秘密、工作秘密或商业秘密。

第五十九条 单位应当加强对合同纠纷的管理。合同发生纠纷的，单位应当在规定时效内与对方协商谈判。合同纠纷协商一致的，双方应当签订书面协议；合同纠纷经协商无法解决的，经办人员应向单位有关负责人报告，并根据合同约定选择仲裁或诉讼方式解决。

第五章 评价与监督

第六十条 单位应当建立健全内部监督制度，明确各相关部门或岗位在内部监督中的职责权限，规定内部监督的程序和要求，对内部控制建立与实施情况进行内部监督检查和自我评价。

内部监督应当与内部控制的建立和实施保持相对独立。

第六十一条 内部审计部门或岗位应当定期或不定期检查单位内部管理制度和机制的建立与执行情况，以及内部控制关键岗位及人员的设置情况等，及时发现内部控制存在的问题并提出改进建议。

第六十二条 单位应当根据本单位实际情况确定内部监督检查的方法、范围和频率。

第六十三条 单位负责人应当指定专门部门或专人负责对单位内部控制的有效性进行评价并出具单位内部控制自我评价报告。

第六十四条 国务院财政部门及其派出机构和县级以上地方各级人民政府财政部门应当对单位内部控制的建立和实施情况进行监督检查，有针对性地提出检查意见和建议，并督促单位进行整改。

国务院审计机关及其派出机构和县级以上地方各级人民政府审计机关对单位进行审计时，应当调查了解单位内部控制建立和实施的有效性，揭示相关内部控制的缺陷，有针对性地提出审计处理意见和建议，并督促单位进行整改。

第六章 附　　则

第六十五条 本规范自 2014 年 1 月 1 日起施行。

会计基础工作规范

(中华人民共和国财政部令第98号)

第一章 总 则

第一条 为了加强会计基础工作,建立规范的会计工作秩序,提高会计工作水平,根据《中华人民共和国会计法》的有关规定,制定本规范。

第二条 国家机关、社会团体、企业、事业单位、个体工商户和其他组织的会计基础工作,应当符合本规范的规定。

第三条 各单位应当依据有关法规、法规和本规范的规定,加强会计基础工作,严格执行会计法规制度,保证会计工作依法有序地进行。

第四条 单位领导人对本单位的会计基础工作负有领导责任。

第五条 各省、自治区、直辖市财政厅(局)要加强对会计基础工作的管理和指导,通过政策引导、经验交流、监督检查等措施,促进基层单位加强会计基础工作,不断提高会计工作水平。

国务院各业务主管部门根据职责权限管理本部门的会计基础工作。

第二章 会计机构和会计人员

第一节 会计机构设和会计人员配备

第六条 各单位应当根据会计业务的需要设置会计机构;不具备单独设置会计机构条件的,应当在有关机构中配备专职会计人员。

事业行政单位会计机构的设置和会计人员的配备,应当符合国家统一事业行政单位会计制度的规定。

设置会计机构,应当配备会计机构负责人;在有关机构中配备专职会计人员,应当在专职会计人员中指定会计主管人员。

会计机构负责人、会计主管人员的任免,应当符合《中华人民共和国会计法》和有关法律的规定。

第七条 会计机构负责人、会计主管人员应当具备下列基本条件:

（一）坚持原则，廉洁奉公；

（二）具备会计师以上专业技术职务资格或者从事会计工作不少于三年；

（三）熟悉国家财经法律、法规、规章和方针、政策，掌握本行业业务管理的有关知识；

（四）有较强的组织能力；

（五）身体状况能够适应本职工作的要求。

第八条 没有设置会计机构或者配备会计人员的单位，应当根据《代理记账管理办法》的规定，委托会计师事务所或者持有代理记账许可证书的代理记账机构进行代理记账。

第九条 大、中型企业、事业单位、业务主管部门应当根据法律和国家有关规定设置总会计师。总会计师由具有会计师以上专业技术资格的人员担任。

总会计师行使《总会计师条例》规定的职责、权限。

总会计师的任命（聘任）、免职（解聘）依照《总会计师条例》和有关法律的规定办理。

第十条 各单位应当根据会计业务需要配备会计人员，督促其遵守职业道德和国家统一的会计制度。

第十一条 各单位应当根据会计业务需要设置会计工作岗位。

会计工作岗位一般可分为：会计机构负责人或者会计主管人员，出纳，财产物资核算，工资核算，成本费用核算，财务成果核算，资金核算，往来结算，总账报表，稽核，档案管理等。开展会计电算化和管理会计的单位，可以根据需要设置相应工作岗位，也可以与其他工作岗位相结合。

第十二条 会计工作岗位，可以一人一岗、一人多岗或者一岗多人。但出纳人员不得兼管稽核、会计档案保管和收入、费用、债权债务账目的登记工作。

第十三条 会计人员的工作岗位应当有计划地进行轮换。

第十四条 会计人员应当具备必要的专业知识和专业技能，熟悉国家有关法律、法规、规章和国家统一会计制度，遵守职业道德。

会计人员应当按照国家有关规定参加会计业务的培训。各单位应当合理安排会计人员的培训，保证会计人员每年有一定时间用于学习和参加培训。

第十五条 各单位领导人应当支持会计机构、会计人员依法行使职权；

对忠于职守,坚持原则,做出显著成绩的会计机构、会计人员,应当给予精神的和物质的奖励。

第十六条 国家机关、国有企业、事业单位任用会计人员应当实行回避制度。

单位领导人的直系亲属不得担任本单位的会计机构负责人、会计主管人员。会计机构负责人、会计主管人员的直系亲属不得在本单位会计机构中担任出纳工作。

需要回避的直系亲属为:夫妻关系、直系血亲关系、三代以内旁系血亲以及配偶亲关系。

第二节 会计人员职业道德

第十七条 会计人员在会计工作中应当遵守职业道德,树立良好的职业品质、严谨的工作作风,严守工作纪律,努力提高工作效率和工作质量。

第十八条 会计人员应当热爱本职工作,努力钻研业务,使自己的知识和技能适应所从事工作的要求。

第十九条 会计人员应当熟悉财经法律、法规、规章和国家统一会计制度,并结合会计工作进行广泛宣传。

第二十条 会计人员应当按照会计法规、法规和国家统一会计制度规定的程序和要求进行会计工作,保证所提供的会计信息合法、真实、准确、及时、完整。

第二十一条 会计人员办理会计事务应当实事求是、客观公正。

第二十二条 会计人员应当熟悉本单位的生产经营和业务管理情况,运用掌握的会计信息和会计方法,为改善单位内部管理、提高经济效益服务。

第二十三条 会计人员应当保守本单位的商业秘密。除法律规定和单位领导人同意外,不能私自向外界提供或者泄露单位的会计信息。

第二十四条 财政部门、业务主管部门和各单位应当定期检查会计人员遵守职业道德的情况,并作为会计人员晋升、晋级、聘任专业职务、表彰奖励的重要考核依据。

会计人员违反职业道德的,由所在单位进行处理。

第三节 会计工作交接

第二十五条 会计人员工作调动或者因故离职,必须将本人所经管的会计工作全部移交给接替人员。没有办清交接手续的,不得调动或者离职。

第二十六条 接替人员应当认真接管移交工作,并继续办理移交的未了事项。

第二十七条 会计人员办理移交手续前,必须及时做好以下工作:

(一) 已经受理的经济业务尚未填制会计凭证的,应当填制完毕。

(二) 尚未登记的账目,应当登记完毕,并在最后一笔余额后加盖经办人员印章。

(三) 整理应该移交的各项资料,对未了事项写出书面材料。

(四) 编制移交清册,列明应当移交的会计凭证、会计账簿、会计报表、印章、现金、有价证券、支票簿、发票、文件、其他会计资料和物品等内容;实行会计电算化的单位,从事该项工作的移交人员还应当在移交清册中列明会计软件及密码、会计软件数据磁盘(磁带等)及有关资料、实物等内容。

第二十八条 会计人员办理交接手续,必须有监交人负责监交。一般会计人员交接,由单位会计机构负责人、会计主管人员负责监交;会计机构负责人、会计主管人员交接,由单位领导人负责监交,必要时可由上级主管部门派人会同监交。

第二十九条 移交人员在办理移交时,要按移交清册逐项移交;接替人员要逐项核对点收。

(一) 现金、有价证券要根据会计账簿有关记录进行点交。库存现金、有价证券必须与会计账簿记录保持一致。不一致时,移交人员必须限期查清。

(二) 会计凭证、会计账簿、会计报表和其他会计资料必须完整无缺。如有短缺,必须查清原因,并在移交清册中注明,由移交人员负责。

(三) 银行存款账户余额要与银行对账单核对,如不一致,应当编制银行存款余额调节表调节相符,各种财产物资和债权债务的明细账户余额要与总账有关账户余额核对相符;必要时,要抽查个别账户的余额,与实物核对相符,或者与往来单位、个人核对清楚。

(四) 移交人员经管的票据、印章和其他实物等,必须交接清楚;移交人员从事会计电算化工作的,要对有关电子数据在实际操作状态下进行交接。

第三十条 会计机构负责人、会计主管人员移交时,还必须将全部财务会计工作、重大财务收支和会计人员的情况等,向接替人员详细介绍。对需要移交的遗留问题,应当写出书面材料。

第三十一条 交接完毕后,交接双方和监交人员要在移交注册上签名或者盖章。并应在移交注册上注明：单位名称，交接日期，交接双方和监交人员的职务、姓名，移交清册页数以及需要说明的问题和意见等。

移交清册一般应当填制一式三份，交接双方各执一份，存档一份。

第三十二条 接替人员应当继续使用移交的会计账簿，不得自行另立新账，以保持会计记录的连续性。

第三十三条 会计人员临时离职或者因病不能工作且需要接替或者代理的，会计机构负责人、会计主管人员或者单位领导人必须指定有关人员接替或者代理，并办理交接手续。

临时离职或者因病不能工作的会计人员恢复工作的，应当与接替或者代理人员办理交接手续。

移交人员因病或者其他特殊原因不能亲自办理移交的，经单位领导人批准，可由移交人员委托他人代办移交，但委托人应当承担本规范第三十五条规定的责任。

第三十四条 单位撤销时，必须留有必要的会计人员，会同有关人员办理清理工作，编制决算。未移交前，不得离职。接收单位和移交日期由主管部门确定。

单位合并、分立的，其会计工作交接手续比照上述有关规定办理。

第三十五条 移交人员对所移交的会计凭证、会计账簿、会计报表和其他有关资料的合法性、真实性承担法律责任。

第三章 会计核算

第一节 会计核算一般要求

第三十六条 各单位应当按照《中华人民共和国会计法》和国家统一会计制度的规定建立会计账册，进行会计核算，及时提供合法、真实、准确、完整的会计信息。

第三十七条 各单位发生的下列事项，应当及时办理会计手续、进行会计核算：

（一）款项和有价证券的收付；

（二）财物的收发、增减和使用；

（三）债权债务的发生和结算；

（四）资本、基金的增减；

（五）收入、支出、费用、成本的计算；

（六）财务成果的计算和处理；

（七）其他需要办理会计手续、进行会计核算的事项。

第三十八条 各单位的会计核算应当以实际发生的经济业务为依据，按照规定的会计处理方法进行，保证会计指标的口径一致、相互可比和会计处理方法的前后各期相一致。

第三十九条 会计年度自公历1月1日起至12月31日止。

第四十条 会计核算以人民币为记账本位币。

收支业务以外国货币为主的单位，也可以选定某种外国货币作为记账本位币，但是编制的会计报表应当折算为人民币反映。

境外单位向国内有关部门编报的会计报表，应当折算为人民币反映。

第四十一条 各单位根据国家统一会计制度的要求，在不影响会计核算要求、会计报表指标汇总和对外统一会计报表的前提下，可以根据实际情况自行设置和使用会计科目。

事业行政单位会计科目的设置和使用，应当符合国家统一事业行政单位会计制度的规定。

第四十二条 会计凭证、会计账簿、会计报表和其他会计资料的内容和要求必须符合国家统一会计制度的规定，不得伪造、变造会计凭证和会计账簿，不得设账外账，不得报送虚假会计报表。

第四十三条 各单位对外报送的会计报表格式由财政部统一规定。

第四十四条 实行会计电算化的单位，对使用的会计软件及其生成的会计凭证、会计账簿、会计报表和其他会计资料的要求，应当符合财政部关于会计电算化的有关规定。

第四十五条 各单位的会计凭证、会计账簿、会计报表和其他会计资料，应当建立档案，妥善保管。会计档案建档要求、保管期限、销毁办法等依据《会计档案管理办法》的规定进行。

实行会计电算化的单位，有关电子数据、会计软件资料等应当作为会计档案进行管理。

第四十六条 会计记录的文字应当使用中文，少数民族自治地区可以同时使用少数民族文字。中国境内的外商投资企业、外国企业和其他外国经济组织也可以同时使用某种外国文字。

第二节 填制会计凭证

第四十七条 各单位办理本规范第三十七条规定的事项,必须取得或者填制原始凭证,并及时送交会计机构。

第四十八条 原始凭证的基本要求是:

(一)原始凭证的内容必须具备:凭证的名称;填制凭证的日期;填制凭证单位名称或者填制人姓名;经办人员的签名或者盖章;接受凭证单位名称;经济业务内容;数量、单价和金额。

(二)从外单位取得的原始凭证,必须盖有填制单位的公章;从个人取得的原始凭证,必须有填制人员的签名或者盖章。自制原始凭证必须有经办单位领导人或者其指定的人员签名或者盖章。对外开出的原始凭证,必须加盖本单位公章。

(三)凡填有大写和小写金额的原始凭证,大写与小写金额必须相符。购买实物的原始凭证,必须有验收证明。支付款项的原始凭证,必须有收款单位和收款人的收款证明。

(四)一式几联的原始凭证,应当注明各联的用途,只能以一联作为报销凭证。

一式几联的发票和收据,必须用双面复写纸(发票和收据本身具备复写纸功能的除外)套写,并连续编号。作废时应当加盖"作废"戳记,连同存根一起保存,不得撕毁。

(五)发生销货退回的,除填制退货发票外,还必须有退货验收证明;退款时,必须取得对方的收款收据或者汇款银行的凭证,不得以退货发票代替收据。

(六)职工公出借款凭据,必须附在记账凭证之后。收回借款时,应当另开收据或者退还借据副本,不得退还原借款收据。

(七)经上级有关部门批准的经济业务,应当将批准文件作为原始凭证附件。如果批准文件需要单独归档的,应当在凭证上注明批准机关名称、日期和文件字号。

第四十九条 原始凭证不得涂改、挖补。发现原始凭证有错误的,应当由开出单位重开或者更正,更正处应当加盖开出单位的公章。

第五十条 会计机构、会计人员要根据审核无误的原始凭证填制记账凭证。

记账凭证可以分为收款凭证、付款凭证和转账凭证,也可以使用通用记账凭证。

第五十一条 记账凭证的基本要求是:

(一)记账凭证的内容必须具备:填制凭证的日期;凭证编号;经济业务摘要;会计科目;金额;所附原始凭证张数;填制凭证人员、稽核人员、记账人员、会计机构负责人、会计主管人员签名或者盖章。收款和付款记账凭证还应当由出纳人员签名或者盖章。

以自制的原始凭证或者原始凭证汇总表代替记账凭证的,也必须具备记账凭证应有的项目。

(二)填制记账凭证时,应当对记账凭证进行连续编号。一笔经济业务需要填制两张以上记账凭证的,可以采用分数编号法编号。

(三)记账凭证可以根据每一张原始凭证填制,或者根据若干张同类原始凭证汇总填制,也可以根据原始凭证汇总表填制。但不得将不同内容和类别的原始凭证汇总填制在一张记账凭证上。

(四)除结账和更正错误的记账凭证可以不附原始凭证外,其他记账凭证必须附有原始凭证。如果一张原始凭证涉及几张记账凭证,可以把原始凭证附在一张主要的记账凭证后面,并在其他记账凭证上注明附有该原始凭证的记账凭证的编号或者附原始凭证复印件。

一张原始凭证所列支出需要几个单位共同负担的,应当将其他单位负担的部分,开给对方原始凭证分割单,进行结算。原始凭证分割单必须具备原始凭证的基本内容:凭证名称、填制凭证日期、填制凭证单位名称或者填制人姓名、经办人的签名或者盖章、接受凭证单位名称、经济业务内容、数量、单价、金额和费用分摊情况等。

(五)如果在填制记账凭证时发生错误,应当重新填制。

已经登记入账的记账凭证,在当年内发现填写错误时,可以用红字填写一张与原内容相同的记账凭证,在摘要栏注明"注销某月某日某号凭证"字样,同时再用蓝字重新填制一张正确的记账凭证,注明"订正某月某日某号凭证"字样。如果会计科目没有错误,只是金额错误,也可以将正确数字与错误数字之间的差额,另编一张调整的记账凭证,调增金额用蓝字,调减金额用红字。发现以前年度记账凭证有错误的,应当用蓝字填制一张更正的记账凭证。

（六）记账凭证填制完经济业务事项后，如有空行，应当自金额栏最后一笔金额数字下的空行处至合计数上的空行处划线注销。

第五十二条 填制会计凭证，字迹必须清晰、工整，并符合下列要求：

（一）阿拉伯数字应当一个一个地写，不得连笔写。阿拉伯金额数字前面应当书写货币币种符号或者货币名称简写和币种符号。币种符号与阿拉伯金额数字之间不得留有空白。凡阿拉伯数字前写有币种符号的，数字后面不再写货币单位。

（二）所有以元为单位（其他货币种类为货币基本单位，下同）的阿拉伯数字，除表示单价等情况外，一律填写到角分；无角分的，角位和分位可写"00"，或者符号"——"；有角无分的，分位应当写"0"，不得用符号"——"代替。

（三）汉字大写数字金额如零、壹、贰、叁、肆、伍、陆、柒、捌、玖、拾、佰、仟、万、亿等，一律用正楷或者行书体书写，不得用0、一、二、三、四、五、六、七、八、九、十等简化字代替，不得任意自造简化字。大写金额数字到元或者角为止的，在"元"或者"角"字之后应当写"整"字或者"正"字；大写金额数字有分的，分字后面不写"整"或者"正"字。

（四）大写金额数字前未印有货币名称的，应当加填货币名称，货币名称与金额数字之间不得留有空白。

（五）阿拉伯金额数字中间有"0"时，汉字大写金额要写"零"字；阿拉伯数字金额中间连续有几个"0"时，汉字大写金额中可以只写一个"零"字；阿拉伯金额数字元位是"0"，或者数字中间连续有几个"0"、元位也是"0"但角位不是"0"时，汉字大写金额可以只写一个"零"字，也可以不写"零"字。

第五十三条 实行会计电算化的单位，对于机制记账凭证，要认真审核，做到会计科目使用正确，数字准确无误。打印出的机制记账凭证要加盖制单人员、审核人员、记账人员及会计机构负责人、会计主管人员印章或者签字。

第五十四条 各单位会计凭证的传递程序应当科学、合理，具体办法由各单位根据会计业务需要自行规定。

第五十五条 会计机构、会计人员要妥善保管会计凭证。

（一）会计凭证应当及时传递，不得积压。

（二）会计凭证登记完毕后，应当按照分类和编号顺序保管，不得散乱丢失。

（三）记账凭证应当连同所附的原始凭证或者原始凭证汇总表，按照编号顺序，折叠整齐，按期装订成册，并加具封面，注明单位名称、年度、月份和起讫日期、凭证种类、起讫号码，由装订人在装订线封签外签名或者盖章。

对于数量过多的原始凭证，可以单独装订保管，在封面上注明记账凭证日期、编号、种类，同时在记账凭证上注明"附件另订"和原始凭证名称及编号。

各种经济合同、存出保证金收据以及涉外文件等重要原始凭证，应当另编目录，单独登记保管，并在有关的记账凭证和原始凭证上相互注明日期和编号。

（四）原始凭证不得外借，其他单位如因特殊原因需要使用原始凭证时，经本单位会计机构负责人、会计主管人员批准，可以复制。向外单位提供的原始凭证复制件，应当在专设的登记簿上登记，并由提供人员和收取人员共同签名或者盖章。

（五）从外单位取得的原始凭证如有遗失，应当取得原开出单位盖有公章的证明，并注明原来凭证的号码、金额和内容等，由经办单位会计机构负责人、会计主管人员和单位领导人批准后，才能代作原始凭证。如果确实无法取得证明的，如火车、轮船、飞机票等凭证，由当事人写出详细情况，由经办单位会计机构负责人、会计主管人员和单位领导人批准后，代作原始凭证。

第三节　登记会计账簿

第五十六条　各单位应当按照国家统一会计制度的规定和会计业务的需要设会计账簿。会计账簿包括总账、明细账、日记账和其他辅助性账簿。

第五十七条　现金日记账和银行存款日记账必须采用订本式账簿。不得用银行对账单或者其他方法代替日记账。

第五十八条　实行会计电算化的单位，用计算机打印的会计账簿必须连续编号，经审核无误后装订成册，并由记账人员和会计机构负责人、会计主管人员签字或者盖章。

第五十九条　启用会计账簿时，应当在账簿封面上写明单位名称和账簿名称。在账簿扉页上应当附启用表，内容包括：启用日期、账簿页数、记账人员和会计机构负责人、会计主管人员姓名，并加盖名章和单位公章。记账人员或者会计机构负责人、会计主管人员调动工作时，应当注明交接日期、接办人员或者监交人员姓名,并由交接双方人员签名或者盖章。

启用订本式账簿,应当从第一页到最后一页顺序编定页数,不得跳页、缺号。使用活页式账页,应当按账户顺序编号,并须定期装订成册。装订后再按实际使用的账页顺序编定页码。另加目录,记明每个账户的名称和页次。

第六十条 会计人员应当根据审核无误的会计凭证登记会计账簿。登记账簿的基本要求是:

(一)登记会计账簿时,应当将会计凭证日期、编号、业务内容摘要、金额和其他有关资料逐项记入账内,做到数字准确、摘要清楚、登记及时、字迹工整。

(二)登记完毕后,要在记账凭证上签名或者盖章,并注明已经登账的符号,表示已经记账。

(三)账簿中书写的文字和数字上面要留有适当空格,不要写满格;一般应占格距的二分之一。

(四)登记账簿要用蓝黑墨水或者碳素墨水书写,不得使用圆珠笔(银行的复写账簿除外)或者铅笔书写。

(五)下列情况,可以用红色墨水记账:

1. 按照红字冲账的记账凭证,冲销错误记录;

2. 在不设借贷等栏的多栏式账页中,登记减少数;

3. 在三栏式账户的余额栏前,如未印明余额方向的,在余额栏内登记负数余额;

4. 根据国家统一会计制度的规定可以用红字登记的其他会计记录。

(六)各种账簿按页次顺序连续登记,不得跳行、隔页。如果发生跳行、隔页,应当将空行、空页划线注销,或者注明"此行空白""此页空白"字样,并由记账人员签名或者盖章。

(七)凡需要结出余额的账户,结出余额后,应当在"借或贷"等栏内写明"借"或者"贷"等字样。没有余额的账户,应当在"借或贷"等栏内写"平"字,并在余额栏内用"0"表示。

现金日记账和银行存款日记账必须逐日结出余额。

(八)每一账页登记完毕结转下页时,应当结出本页合计数及余额,写在本页最后一行和下页第一行有关栏内,并在摘要栏内注明"过次页"和"承前页"字样;也可以将本页合计数及金额只写在下页第一行有关栏内,并在摘要栏内注明"承前页"字样。

对需要结计本月发生额的账户，结计"过次页"的本页合计数应当为自本月初起至本页末止的发生额合计数；对需要结计本年累计发生额的账户，结计"过次页"的本页合计数应当为自年初起至本页末止的累计数；对既不需要结计本月发生额也不需要结计本年累计发生额的账户，可以只将每页末的余额结转次页。

第六十一条 账簿记录发生错误，不准涂改、挖补、刮擦或者用药水消除字迹，不准重新抄写，必须按照下列方法进行更正：

（一）登记账簿时发生错误，应当将错误的文字或者数字划红线注销，但必须使原有字迹仍可辨认；然后在划线上方填写正确的文字或者数字，并由记账人员在更正处盖章。对于错误的数字，应当全部划红线更正，不得只更正其中的错误数字。对于文字错误，可只划去错误的部分。

（二）由于记账凭证错误而使账簿记录发生错误，应当按更正的记账凭证登记账簿。

第六十二条 各单位应当定期对会计账簿记录的有关数字与库存实物、货币资金、有价证券、往来单位或者个人等进行相互核对，保证账证相符、账账相符、账实相符。对账工作每年至少进行一次。

（一）账证核对。核对会计账簿记录与原始凭证、记账凭证的时间、凭证字号、内容、金额是否一致，记账方向是否相符。

（二）账账核对。核对不同会计账簿之间的账簿记录是否相符，包括：总账有关账户的余额核对，总账与明细账核对，总账与日记账核对，会计部门的财产物资明细账与财产物资保管和使用部门的有关明细账核对等。

（三）账实核对。核对会计账簿记录与财产等实有数额是否相符。包括：现金日记账账面余额与现金实际库存数相核对；银行存款日记账账面余额定期与银行对账单相核对；各种财物明细账账面余额与财物实存数额相核对；各种应收、应付款明细账账面余额与有关债务、债权单位或者个人核对等。

第六十三条 各单位应当按照规定定期结账。

（一）结账前，必须将本期内所发生的各项经济业务全部登记入账。

（二）结账时，应当结出每个账户的期末余额。需要结出当月发生额的，应当在摘要栏内注明"本月合计"字样，并在下面通栏划单红线。需要结出本年累计发生额的，应当在摘要栏内注明"本年累计"字样，并在下面通栏划单红线；12月末的"本年累计"就是全年累计发生额。全年累计发生额下面应当通栏划双红线。年度终了结账时，所有总账账户都应当结出全年发生额和年末余额。

（三）年度终了，要把各账户的余额结转到下一会计年度，并在摘要栏注明"结转下年"字样；在下一会计年度新建有关会计账簿的第一行余额栏内填写上年结转的余额，并在摘要栏注明"上年结转"字样。

第四节　编制财务报告

第六十四条　各单位必须按照国家统一会计制度的规定，定期编制财务报告。

财务报告包括会计报表及其说明。会计报表包括会计报表主表、会计报表附表、会计报表附注。

第六十五条　各单位对外报送的财务报告应当根据国家统一会计制度规定的格式和要求编制。

单位内部使用的财务报告，其格式和要求由各单位自行规定。

第六十六条　会计报表应当根据登记完整、核对无误的会计账簿记录和其他有关资料编制，做到数字真实、计算准确、内容完整、说明清楚。

任何人不得篡改或者授意、指使、强令他人篡改会计报表的有关数字。

第六十七条　会计报表之间、会计报表各项目之间，凡有对应关系的数字，应当相互一致。本期会计报表与上期会计报表之间有关的数字应当相互衔接。如果不同会计年度会计报表中各项目的内容和核算方法有变更的，应当在年度会计报表中加以说明。

第六十八条　各单位应当按照国家统一会计制度的规定认真编写会计报表附注及其说明，做到项目齐全，内容完整。

第六十九条　各单位应当按照国家规定的期限对外报送财务报告。

对外报送的财务报告，应当依次编写页码，加具封面，装订成册，加盖公章。封面上应当注明：单位名称，单位地址，财务报告所属年度、季度、月度，送出日期，并由单位领导人、总会计师、会计机构负责人、会计主管人员签名或者盖章。

单位领导人对财务报告的合法性、真实性负法律责任。

第七十条　根据法律和国家有关规定应当对财务报告进行审计的，财务报告编制单位应当先行委托注册会计师进行审计，并将注册会计师出具的审计报告随同财务报告按照规定的期限报送有关部门。

第七十一条 如果发现对外报送的财务报告有错误,应当及时办理更正手续。除更正本单位留存的财务报告外,并应同时通知接受财务报告的单位更正。错误较多的,应当重新编报。

第四章 会计监督

第七十二条 各单位的会计机构、会计人员对本单位的经济活动进行会计监督。

第七十三条 会计机构、会计人员进行会计监督的依据是:

(一) 财经法律、法规、规章;

(二) 会计法律、法规和国家统一会计制度;

(三) 各省、自治区、直辖市财政厅(局)和国务院业务主管部门根据《中华人民共和国会计法》和国家统一会计制度制定的具体实施办法或者补充规定;

(四) 各单位根据《中华人民共和国会计法》和国家统一会计制度制定的单位内部会计管理制度;

(五) 各单位内部的预算、财务计划、经济计划、业务计划等。

第七十四条 会计机构、会计人员应当对原始凭证进行审核和监督。

对不真实、不合法的原始凭证,不予受理。对弄虚作假、严重违法的原始凭证,在不予受理的同时,应当予以扣留,并及时向单位领导人报告,请求查明原因,追究当事人的责任。

对记载不准确、不完整的原始凭证,予以退回,要求经办人员更正、补充。

第七十五条 会计机构、会计人员对伪造、变造、故意毁灭会计账簿或者账外设账行为,应当制止和纠正;制止和纠正无效的,应当向上级主管单位报告,请求作出处理。

第七十六条 会计机构、会计人员应当对实物、款项进行监督,督促建立并严格执行财产清查制度。发现账簿记录与实物、款项不符时,应当按照国家有关规定进行处理。超出会计机构、会计人员职权范围的,应当立即向本单位领导报告,请求查明原因,作出处理。

第七十七条 会计机构、会计人员对指使、强令编造、篡改财务报告行为，应当制止和纠正；制止和纠正无效的，应当向上级主管单位报告，请求处理。

第七十八条 会计机构、会计人员应当对财务收支进行监督。

（一）对审批手续不全的财务收支，应当退回，要求补充、更正。

（二）对违反规定不纳入单位统一会计核算的财务收支，应当制止和纠正。

（三）对违反国家统一的财政、财务、会计制度规定的财务收支，不予办理。

（四）对认为是违反国家统一的财政、财务、会计制度规定的财务收支，应当制止和纠正；制止和纠正无效的，应当向单位领导人提出书面意见请求处理。

单位领导人应当在接到书面意见起十日内作出书面决定，并对决定承担责任。

（五）对违反国家统一的财政、财务、会计制度规定的财务收支，不予制止和纠正，又不向单位领导人提出书面意见的，也应当承担责任。

（六）对严重违反国家利益和社会公众利益的财务收支，应当向主管单位或者财政、审计、税务机关报告。

第七十九条 会计机构、会计人员对违反单位内部会计管理制度的经济活动，应当制止和纠正；制止和纠正无效的，向单位领导人报告，请求处理。

第八十条 会计机构、会计人员应当对单位制定的预算、财务计划、经济计划、业务计划的执行情况进行监督。

第八十一条 各单位必须依照法律和国家有关规定接受财政、审计、税务等机关的监督，如实提供会计凭证、会计账簿、会计报表和其他会计资料以及有关情况、不得拒绝、隐匿、谎报。

第八十二条 按照法律规定应当委托注册会计师进行审计的单位，应当委托注册会计师进行审计，并配合注册会计师的工作，如实提供会计凭证、会计账簿、会计报表和其他会计资料以及有关情况，不得拒绝、隐匿、谎报，不得示意注册会计师出具不当的审计报告。

第五章　内部会计管理制度

第八十三条 各单位应当根据《中华人民共和国会计法》和国家统一会

计制度的规定，结合单位类型和内容管理的需要，建立健全相应的内部会计管理制度。

第八十四条 各单位制定内部会计管理制度应当遵循下列原则：

（一）应当执行法律、法规和国家统一的财务会计制度。

（二）应当体现本单位的生产经营、业务管理的特点和要求。

（三）应当全面规范本单位的各项会计工作，建立健全会计基础，保证会计工作的有序进行。

（四）应当科学、合理，便于操作和执行。

（五）应当定期检查执行情况。

（六）应当根据管理需要和执行中的问题不断完善。

第八十五条 各单位应当建立内部会计管理体系。主要内容包括：单位领导人、总会计师对会计工作的领导职责；会计部门及其会计机构负责人、会计主管人员的职责、权限；会计部门与其他职能部门的关系；会计核算的组织形式等。

第八十六条 各单位应当建立会计人员岗位责任制度。主要内容包括：会计人员的工作岗位设置；各会计工作岗位的职责和标准；各会计工作岗位的人员和具体分工；会计工作岗位轮换办法；对各会计工作岗位的考核办法。

第八十七条 各单位应当建立账务处理程序制度。主要内容包括：会计科目及其明细科目的设置和使用；会计凭证的格式、审核要求和传递程序；会计核算方法；会计账簿的设置；编制会计报表的种类和要求；单位会计指标体系。

第八十八条 各单位应当建立内部牵制制度。主要内容包括：内部牵制制度的原则；组织分工；出纳岗位的职责和限制条件；有关岗位的职责和权限。

第八十九条 各单位应当建立稽核制度。主要内容包括：稽核工作的组织形式和具体分工；稽核工作的职责、权限；审核会计凭证和复核会计账簿、会计报表的方法。

第九十条 各单位应当建立原始记录管理制度。主要内容包括：原始记录的内容和填制方法；原始记录的格式；原始记录的审核；原始记录填制人的责任；原始记录签署、传递、汇集要求。

第九十一条 各单位应当建立定额管理制度。主要内容包括：定额管理的范围；制定和修订定额的依据、程序和方法；定额的执行；定额考核和奖惩办法等。

第九十二条　各单位应当建立计量验收制度。主要内容包括：计量检测手段和方法；计量验收管理的要求；计量验收人员的责任和奖惩办法。

第九十三条　各单位应当建立财产清查制度。主要内容包括：财产清查的范围；财产清查的组织；财产清查的期限和方法；对财产清查中发现问题的处理办法；对财产管理人员的奖惩办法。

第九十四条　各单位应当建立财务收支审批制度。主要内容包括：财务收支审批人员和审批权限；财务收支审批程序；财务收支审批人员的责任。

第九十五条　实行成本核算的单位应当建立成本核算制度。主要内容包括：成本核算的对象；成本核算的方法和程序；成本分析等。

第九十六条　各单位应当建立财务会计分析制度。主要内容包括：财务会计分析的主要内容；财务会计分析的基本要求和组织程序；财务会计分析的具体方法；财务会计分析报告的编写要求等。

第六章　附　　则

第九十七条　本规范所称国家统一会计制度，是指由财政部制定、或者财政部与国务院有关部门联合制定、或者经财政部审核批准的在全国范围内统一执行的会计规章、准则、办法等规范性文件。

本规范所称会计主管人员，是指不设置会计机构、只在其他机构中设置专职会计人员的单位行使会计机构负责人职权的人员。

本规范第三章第二节和第三节关于填制会计凭证、登记会计账簿的规定，除特别指出外，一般适用于手工记账。实行会计电算化的单位，填制会计凭证和登记会计账簿的有关要求，应当符合财政部关于会计电算化的有关规定。

第九十八条　各省、自治区、直辖市财政厅（局）、国务院各业务主管部门可以根据本规范的原则，结合本地区、本部门的具体情况，制定具体实施办法，报财政部备案。

第九十九条　本规范由财政部负责解释、修改。

第一百条　本规范自公布之日起实施。1984 年 4 月 24 日财政部发布的《会计人员工作规则》同时废止。

行政事业性国有资产管理条例

(中华人民共和国国务院令第 738 号)

第一章 总 则

第一条 为了加强行政事业性国有资产管理与监督,健全国有资产管理体制,推进国家治理体系和治理能力现代化,根据全国人民代表大会常务委员会关于加强国有资产管理情况监督的决定,制定本条例。

第二条 行政事业性国有资产,是指行政单位、事业单位通过以下方式取得或者形成的资产:

(一)使用财政资金形成的资产;

(二)接受调拨或者划转、置换形成的资产;

(三)接受捐赠并确认为国有的资产;

(四)其他国有资产。

第三条 行政事业性国有资产属于国家所有,实行政府分级监管、各部门及其所属单位直接支配的管理体制。

第四条 各级人民政府应当建立健全行政事业性国有资产管理机制,加强对本级行政事业性国有资产的管理,审查、批准重大行政事业性国有资产管理事项。

第五条 国务院财政部门负责制定行政事业单位国有资产管理规章制度并负责组织实施和监督检查,牵头编制行政事业性国有资产管理情况报告。

国务院机关事务管理部门和有关机关事务管理部门会同有关部门依法依规履行相关中央行政事业单位国有资产管理职责,制定中央行政事业单位国有资产管理具体制度和办法并组织实施,接受国务院财政部门的指导和监督检查。

相关部门根据职责规定,按照集中统一、分类分级原则,加强中央行政事业单位国有资产管理,优化管理手段,提高管理效率。

第六条 各部门根据职责负责本部门及其所属单位国有资产管理工作,

应当明确管理责任，指导、监督所属单位国有资产管理工作。

各部门所属单位负责本单位行政事业性国有资产的具体管理，应当建立和完善内部控制管理制度。

第七条 各部门及其所属单位管理行政事业性国有资产应当遵循安全规范、节约高效、公开透明、权责一致的原则，实现实物管理与价值管理相统一，资产管理与预算管理、财务管理相结合。

第二章 资产配置、使用和处置

第八条 各部门及其所属单位应当根据依法履行职能和事业发展的需要，结合资产存量、资产配置标准、绩效目标和财政承受能力配置资产。

第九条 各部门及其所属单位应当合理选择资产配置方式，资产配置重大事项应当经可行性研究和集体决策，资产价值较高的按照国家有关规定进行资产评估，并履行审批程序。

资产配置包括调剂、购置、建设、租用、接受捐赠等方式。

第十条 县级以上人民政府应当组织建立、完善资产配置标准体系，明确配置的数量、价值、等级、最低使用年限等标准。

资产配置标准应当按照勤俭节约、讲求绩效和绿色环保的要求，根据国家有关政策、经济社会发展水平、市场价格变化、科学技术进步等因素适时调整。

第十一条 各部门及其所属单位应当优先通过调剂方式配置资产。不能调剂的，可以采用购置、建设、租用等方式。

第十二条 行政单位国有资产应当用于本单位履行职能的需要。

除法律另有规定外，行政单位不得以任何形式将国有资产用于对外投资或者设立营利性组织。

第十三条 事业单位国有资产应当用于保障事业发展、提供公共服务。

第十四条 各部门及其所属单位应当加强对本单位固定资产、在建工程、流动资产、无形资产等各类国有资产的管理，明确管理责任，规范使用流程，加强产权保护，推进相关资产安全有效使用。

第十五条 各部门及其所属单位应当明确资产使用人和管理人的岗位责任。

资产使用人、管理人应当履行岗位责任，按照规程合理使用、管理资产，充分发挥资产效能。资产需要维修、保养、调剂、更新、报废的，资产使用人、管理人应当及时提出。

资产使用人、管理人发生变化的，应当及时办理资产交接手续。

第十六条　各部门及其所属单位接受捐赠的资产，应当按照捐赠约定的用途使用。捐赠人意愿不明确或者没有约定用途的，应当统筹安排使用。

第十七条　事业单位利用国有资产对外投资应当有利于事业发展和实现国有资产保值增值，符合国家有关规定，经可行性研究和集体决策，按照规定权限和程序进行。

事业单位应当明确对外投资形成的股权及其相关权益管理责任，按照规定将对外投资形成的股权纳入经营性国有资产集中统一监管体系。

第十八条　县级以上人民政府及其有关部门应当建立健全国有资产共享共用机制，采取措施引导和鼓励国有资产共享共用，统筹规划有效推进国有资产共享共用工作。

各部门及其所属单位应当在确保安全使用的前提下，推进本单位大型设备等国有资产共享共用工作，可以对提供方给予合理补偿。

第十九条　各部门及其所属单位应当根据履行职能、事业发展需要和资产使用状况，经集体决策和履行审批程序，依据处置事项批复等相关文件及时处置行政事业性国有资产。

第二十条　各部门及其所属单位应当将依法罚没的资产按照国家规定公开拍卖或者按照国家有关规定处理，所得款项全部上缴国库。

第二十一条　各部门及其所属单位应当对下列资产及时予以报废、报损：

（一）因技术原因确需淘汰或者无法维修、无维修价值的资产；

（二）涉及盘亏、坏账以及非正常损失的资产；

（三）已超过使用年限且无法满足现有工作需要的资产；

（四）因自然灾害等不可抗力造成毁损、灭失的资产。

第二十二条　各部门及其所属单位发生分立、合并、改制、撤销、隶属关系改变或者部分职能、业务调整等情形，应当根据国家有关规定办理相关国有资产划转、交接手续。

第二十三条　国家设立的研究开发机构、高等院校对其持有的科技成果的使用和处置，依照《中华人民共和国促进科技成果转化法》《中华人民共和国专利法》和国家有关规定执行。

第三章 预算管理

第二十四条 各部门及其所属单位购置、建设、租用资产应当提出资产配置需求，编制资产配置相关支出预算，并严格按照预算管理规定和财政部门批复的预算配置资产。

第二十五条 行政单位国有资产出租和处等收入，应当按照政府非税收入和国库集中收缴制度的有关规定管理。

除国家另有规定外，事业单位国有资产的处置收入应当按照政府非税收入和国库集中收缴制度的有关规定管理。

事业单位国有资产使用形成的收入，由本级人民政府财政部门规定具体管理办法。

第二十六条 各部门及其所属单位应当及时收取各类资产收入，不得违反国家规定，多收、少收、不收、侵占、私分、截留、占用、挪用、隐匿、坐支。

第二十七条 各部门及其所属单位应当在决算中全面、真实、准确反映其国有资产收入、支出以及国有资产存量情况。

第二十八条 各部门及其所属单位应当按照国家规定建立国有资产绩效管理制度，建立健全绩效指标和标准，有序开展国有资产绩效管理工作。

第二十九条 县级以上人民政府投资建设公共基础设施，应当依法落实资金来源，加强预算约束，防范政府债务风险，并明确公共基础设施的管理维护责任单位。

第四章 基础管理

第三十条 各部门及其所属单位应当按照国家规定设置行政事业性国有资产台账，依照国家统一的会计制度进行会计核算，不得形成账外资产。

第三十一条 各部门及其所属单位采用建设方式配置资产的，应当在建设项目竣工验收合格后及时办理资产交付手续，并在规定期限内办理竣工财务决算，期限最长不得超过1年。

各部门及其所属单位对已交付但未办理竣工财务决算的建设项目，应当按照国家统一的会计制度确认资产价值。

第三十二条 各部门及其所属单位对无法进行会计确认入账的资产，可以根据需要组织专家参照资产评估方法进行估价，并作为反映资产状况的依据。

第三十三条　各部门及其所属单位应当明确资产的维护、保养、维修的岗位责任。因使用不当或者维护、保养、维修不及时造成资产损失的，应当依法承担责任。

第三十四条　各部门及其所属单位应当定期或者不定期对资产进行盘点、对账。出现资产盘盈盘亏的，应当按照财务、会计和资产管理制度有关规定处理，做到账实相符和账账相符。

第三十五条　各部门及其所属单位处资产应当及时核销相关资产台账信息，同时进行会计处理。

第三十六条　除国家另有规定外，各部门及其所属单位将行政事业性国有资产进行转让、拍卖、置换、对外投资等，应当按照国家有关规定进行资产评估。

行政事业性国有资产以市场化方式出售、出租的，依照有关规定可以通过相应公共资源交易平台进行。

第三十七条　有下列情形之一的，各部门及其所属单位应当对行政事业性国有资产进行清查：

（一）根据本级政府部署要求；

（二）发生重大资产调拨、划转以及单位分立、合并、改制、撤销、隶属关系改变等情形；

（三）因自然灾害等不可抗力造成资产毁损、灭失；

（四）会计信息严重失真；

（五）国家统一的会计制度发生重大变更，涉及资产核算方法发生重要变化；

（六）其他应当进行资产清查的情形。

第三十八条　各部门及其所属单位资产清查结果和涉及资产核实的事项，应当按照国务院财政部门的规定履行审批程序。

第三十九条　各部门及其所属单位在资产清查中发现账实不符、账账不符的，应当查明原因予以说明，并随同清查结果一并履行审批程序。各部门及其所属单位应当根据审批结果及时调整资产台账信息，同时进行会计处理。

由于资产使用人、管理人的原因造成资产毁损、灭失的，应当依法追究相关责任。

第四十条 各部门及其所属单位对需要办理权属登记的资产应当依法及时办理。对有账簿记录但权证手续不全的行政事业性国有资产,可以向本级政府有关主管部门提出确认资产权属申请,及时办理权属登记。

第四十一条 各部门及其所属单位之间,各部门及其所属单位与其他单位和个人之间发生资产纠纷的,应当依照有关法律法规规定采取协商等方式处理。

第四十二条 国务院财政部门应当建立全国行政事业性国有资产管理信息系统,推行资产管理网上办理,实现信息共享。

第五章 资产报告

第四十三条 国家建立行政事业性国有资产管理情况报告制度。

国务院向全国人民代表大会常务委员会报告全国行政事业性国有资产管理情况。

县级以上地方人民政府按照规定向本级人民代表大会常务委员会报告行政事业性国有资产管理情况。

第四十四条 行政事业性国有资产管理情况报告,主要包括资产负债总量,相关管理制度建立和实施,资产配置、使用、处置和效益,推进管理体制机制改革等情况。

行政事业性国有资产管理情况按照国家有关规定向社会公开。

第四十五条 各部门所属单位应当每年编制本单位行政事业性国有资产管理情况报告,逐级报送相关部门。

各部门应当汇总编制本部门行政事业性国有资产管理情况报告,报送本级政府财政部门。

第四十六条 县级以上地方人民政府财政部门应当每年汇总本级和下级行政事业性国有资产管理情况,报送本级政府和上一级政府财政部门。

第六章 监 督

第四十七条 县级以上人民政府应当接受本级人民代表大会及其常务委员会对行政事业性国有资产管理情况的监督,组织落实本级人民代表大会及其常务委员会审议提出的整改要求,并向本级人民代表大会及其常务委员会报告整改情况。

乡、民族乡、镇人民政府应当接受本级人民代表大会对行政事业性国有资产管理情况的监督。

第四十八条 县级以上人民政府对下级政府的行政事业性国有资产管理情况进行监督。下级政府应当组织落实上一级政府提出的监管要求，并向上一级政府报告落实情况。

第四十九条 县级以上人民政府财政部门应当对本级各部门及其所属单位行政事业性国有资产管理情况进行监督检查，依法向社会公开检查结果。

第五十条 县级以上人民政府审计部门依法对行政事业性国有资产管理情况进行审计监督。

第五十一条 各部门应当建立健全行政事业性国有资产监督管理制度，根据职责对本行业行政事业性国有资产管理依法进行监督。

各部门所属单位应当制定行政事业性国有资产内部控制制度，防控行政事业性国有资产管理风险。

第五十二条 公民、法人或者其他组织发现违反本条例的行为，有权向有关部门进行检举、控告。接受检举、控告的有关部门应当依法进行处理，并为检举人、控告人保密。

任何单位或者个人不得压制和打击报复检举人、控告人。

第七章　法律责任

第五十三条 各部门及其所属单位有下列行为之一的，责令改正，情节较重的，对负有直接责任的主管人员和其他直接责任人员依法给予处分：

（一）配置、使用、处国有资产未按照规定经集体决策或者履行审批程序；

（二）超标准配置国有资产；

（三）未按照规定办理国有资产调剂、调拨、划转、交接等手续；

（四）未按照规定履行国有资产拍卖、报告、披露等程序；

（五）未按照规定期限办理建设项目竣工财务决算；

（六）未按照规定进行国有资产清查；

（七）未按照规定设国有资产台账；

（八）未按照规定编制、报送国有资产管理情况报告。

第五十四条 各部门及其所属单位有下列行为之一的，责令改正，有违法所得的没收违法所得，情节较重的，对负有直接责任的主管人员和其他直接责任人员依法给予处分；构成犯罪的，依法追究刑事责任：

（一）非法占有、使用国有资产或者采用弄虚作假等方式低价处置国有资产；

（二）违反规定将国有资产用于对外投资或者设立营利性组织；

（三）未按照规定评估国有资产导致国家利益损失；

（四）其他违反本条例规定造成国有资产损失的行为。

第五十五条 各部门及其所属单位在国有资产管理工作中有违反预算管理规定行为的，依照《中华人民共和国预算法》及其实施条例、《财政违法行为处罚处分条例》等法律、行政法规追究责任。

第五十六条 各部门及其所属单位的工作人员在国有资产管理工作中滥用职权、玩忽职守、徇私舞弊或者有浪费国有资产等违法违规行为的，由有关部门依法给予处分；构成犯罪的，依法追究刑事责任。

第八章 附 则

第五十七条 除国家另有规定外，社会组织直接支配的行政事业性国有资产管理，依照本条例执行。

第五十八条 货币形式的行政事业性国有资产管理，按照预算管理有关规定执行。

执行企业财务、会计制度的事业单位以及事业单位对外投资的全资企业或者控股企业的资产管理，不适用本条例。

第五十九条 公共基础设施、政府储备物资、国有文物文化等行政事业性国有资产管理的具体办法，由国务院财政部门会同有关部门制定。

第六十条 中国人民解放军、中国人民武装警察部队直接支配的行政事业性国有资产管理，依照中央军事委员会有关规定执行。

第六十一条 本条例自 2021 年 4 月 1 日起施行。